네트워크 비즈니스
어떻게 하면 잘할 수 있을까

참고: 「네트워크 마케팅 이렇게 해 봤어요?」 도서가 2018년 01월 30일 재출간 됨을 알려 드립니다.

네트워크 비즈니스
어떻게 하면 잘할 수 있을까

강형철 지음

모아북스
MOABOOKS

환영합니다

나는 꿈꾸는 대로 될 수 있으며, 꿈을 이룰 능력이 있습니다.
나는 열정이 있으며, 자신이 있습니다.
나는 변화를 위해 일을 하며, 나와 함께 하는 이들도 있습니다.
나는 도전의 에너지가 있으며, 풍요로움을 누릴 자격이 있습니다.
나는 시간과 자유를 만끽할 수 있으며, 행운이 다가오고 있습니다.
나는 잘할 수 있습니다. 성공할 수 있습니다.
정상에서 만납시다.

님께

드림

네트워크 사업의 성공코드

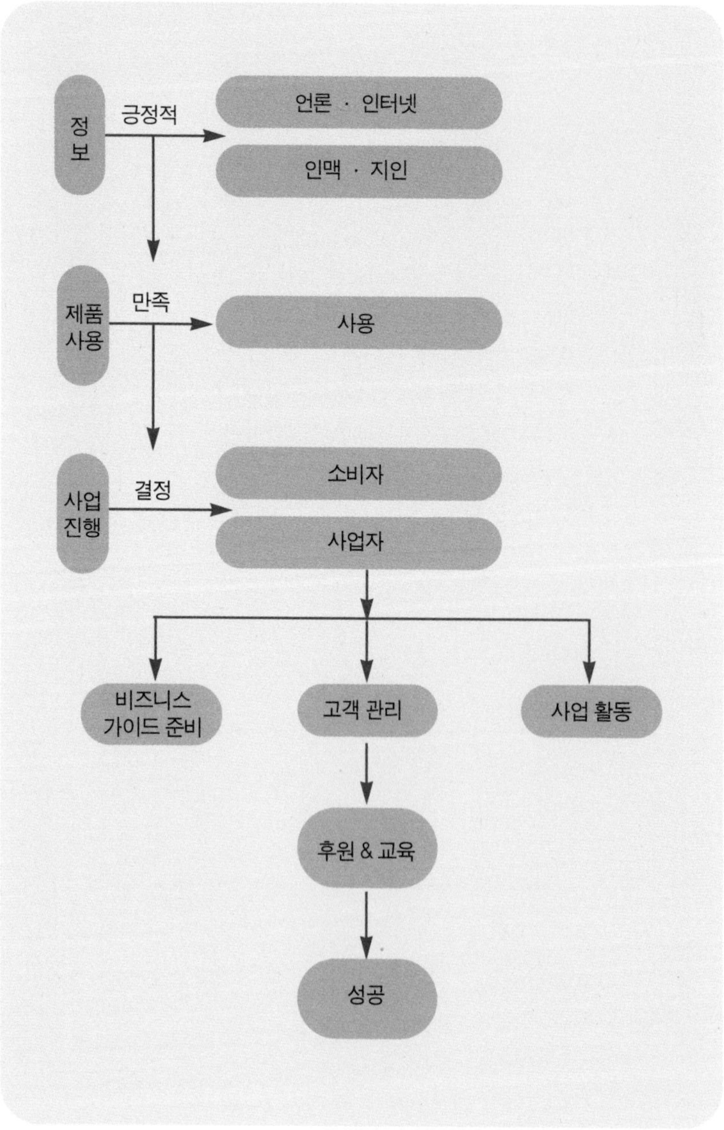

책 한눈에 보기

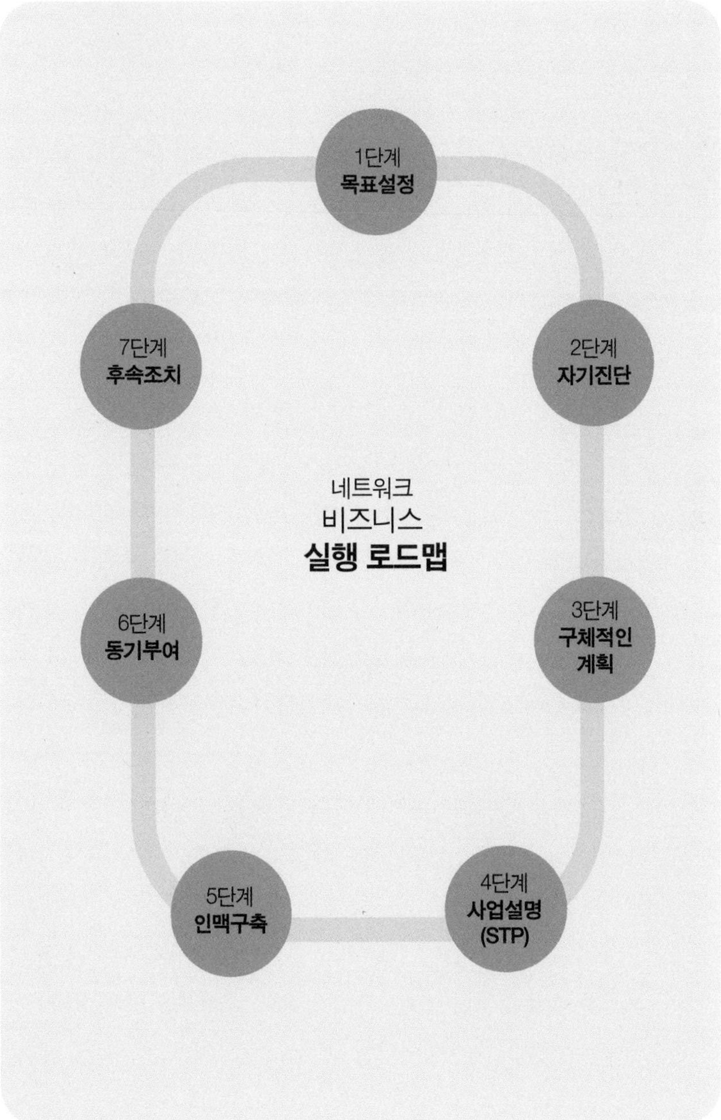
1단계
목표설정
2단계
자기진단
3단계
구체적인
계획
4단계
사업설명
(STP)
5단계
인맥구축
6단계
동기부여
7단계
후속조치
네트워크
비즈니스
실행 로드맵

네트워크 마케팅은 기회의 사업이다

인터넷의 발달과 정보의 홍수, 그리고 무한한 교통수단의 발전. 과거에 서울에서 부산까지 몇일 걸려 다니던 시대에서 버스로 10시간이 걸리던 거리가 이제는 KTX로 2시간 반만에 갈 수 있게 되었다. 이와 같이 헤아릴 수 없는 변화가 매일매일 생겨나는 시대, 과거에 알고 있던 정보는 이제 더 이상 적용되지 않으며, 상상도 하지 못했던 신기술과 패러다임이 시시각각 일어나는 시대, 이것이 바로 우리가 살고 있는 현재다.

이런 시대에는 '어떻게 해야 잘 살 수 있는가? 라는 질문도 새로이 던져야 한다.

21세기는 전 세계 경제체제와 사회구조가 격변하는 시대다. 돈의 가치가 뚝뚝 떨어지고, 부동산 시세는 들쑥날쑥하며, 실업자가 거리에 넘치고, 경제적 측면의 장기 플랜 없이는 심지어 중산층들까지도 하루아침에 빈곤층으로 추락할 수 있는 상황이다. 이런 상황에서, 좋은 직장을 다니거나 유망한 특정 직종에만 종사하면 자식도 잘 키우고 노후를 대비할 수 있으리라는 믿음은 과거의 환상일 수밖에 없다. 이제는 돈과 직업, 산업, 사업에 대한 새로운 시야와 시각이 반드시 필요하다.

물론 과거의 비즈니스 정보와 상식적인 마케팅 기법이 먹히던 때도 있었다. 하지만 이것들의 유용성은 과거의 사회경제체제가 지속된다는 전제 하에서만 가능했다.

하지만 끝을 알 수 없을 정도로 장기적인 경제 불황과 시장 불안정이 전 세계적으로 지속되는 지금은 어떤가? 여러분들은 자신 있게 앞으로 더 세차게 불어 닥칠 사회적 불안에 대처할 준비가 되어 있는가?

예측 불가능한 현실에서 준비하는 자만이 살아 남는다.

2045년 당신은 무엇을 상상하는가? 최근 한 조사에 의하면 서울에서 영국 런던까지 2시간 거리로 단축되고 날아다니는 택시가 나오고, 지금의 100세 시대에서 120세대로 바뀐다고 한다. 즉 2016년에 갓 태어난 어린아이들은 앞으로 120세 시대의 주인공이면서 30년마다 평균 20년 수명이 연장되어 결국 180세 시대까지 살게 되는 시대가 온다고 한다.

오늘날의 예측 불가능한 시장 환경은 말 그대로 위기상황과 다름없다. 수없는 자영업자들이 가게 문을 닫고, 수많은 직장인들이 해고의 칼바람에 거리로 내몰리고 있다. 이런 상황에서 개개인이 행복한 삶을 영위하는 것은 거의 불가능해 보인다.

하지만 가만히 앉아 이런 상황을 구경만 하고 있을 수는 없다. 근본적으로 이런 사회와 세상을 바꿀 수 있다면 좋겠지만, 그것이 불가능하다면 개개인이 가장 잘할 수 있는 것은 과거의 생각을 고수하려는 발상을 전환해 새로운 대안을 찾는 것이다.

예측 불가능한 사회에서 가장 필요한 것은 변화하는 순간들에 유동적으로 대처할 수 있는 생각의 유연성, 정말로 중요한 것이 무엇인지를 파악하는 날카로운 판단력이다. 상당수의 산업 분야를 기계와 컴퓨터와 테크놀로지에 의해 점령당하는 시대에 오로지 사람만이 펼칠 수 있는 꿈과 에너지를 마음껏 발휘하며 놀라운 잠재력을 끌어낼 수 있는 삶이란 어떤 것일까?

사람과 사람을 이어주는 '인간관계' 의 든든한 연대 속에서 사람의 힘을 모으고 그 에너지를 자원 삼아 열정을 다할 수 있는 인생을 설계할 수 있을까?

그런 점에서 요즘 사람들의 가장 큰 고민은 대략 다음과 같다.

'앞으로 어떤 일을 하고 살 것인가?'

'그 일은 다른 분야에 비해 경쟁력을 충분히 갖추고 있는가?'

'시작할 때 막대한 자본금이 필요한 일은 아닌가? 지금 내가 가지고 있는 것만으로도 얼마든지 뛰어들 수 있는 일인가?'

'내가 그 일에 대해 흥미와 열정을 가지고 오랜 시간 계속 할 수 있는 일인가?'

'그 일은 나의 꿈과 희망을 자극하는 일인가?'

'나를 발전시켜주는 일인가?'

2016년 현재 네트워크 마케팅 종사자 700만시대

최근 급속도로 성장하고 있는 네트워크 마케팅은 위와 같은 질문들에 긍정의 대답과 믿음을 줄 수 있는 거의 유일한 비즈니스라 해도 과언이 아닐 것이다. 네트워크 마케팅은 우리나라뿐만 아니라 전 세계적으로 영향력을 끼치며 안정궤도에 들어선 비즈니스 형태로서 세계적으로 마케팅 트렌드와 유통의 흐름을 바꿔놓고 있다.

그러나 아직도 많은 사람들이 네트워크 마케팅에 대해 제대로 알지 못한 상태에서 선뜻 사업을 받아드릴 용기를 내지 못하기도 한다. 즉 과거 20~30년 전에 네트워크 마케팅은 처음에 자석요 등 고액 제품을 사거나 사람을 끌어 들이면 수당이 나왔으며 반대급부로 많은 피해자가 생겨났던 전형적인 피라미드시대가 있었고, 다음으로는 다단계 즉, MLM(Multi Level Marketing)으로 위에 사람이 독식하고 아래 사람들은 피해를 주는 마케팅이 한동안 유행처럼 번지다가 많은 피해자를 내고 결국 그 회사 대표는 구속되어 몇 년씩 아니면 회사를 폐업시키는 일들이 발생했다. 그러나 60여 년간 꾸준히 네트워크 마케팅의 기본을 지키며 계속 성장하는 회사들도 아주 많다. 그렇다면 왜 네트워크 마케팅이 오늘날 신산업 성장분야로 각광을 받고 있는 것일까요?

무엇보다도 가장 큰 장점은 기존의 직장이나 자영업으로는 엄두도 내지 못했던 수익을 올릴 수 있는 일이면서도 누구나 노력한 만큼 성과를 얻을 수 있는 사업이라는 점이다.

어떤 분야에서 전문가가 되고 큰돈을 벌려면 남다른 재능이나 뛰어난 학벌, 큰 자본이 필요하다는 것이 기존의 상식이라면, 네트워크 마케팅은 학력, 기술, 재능과 상관없이 모든 사람이 원하는 만큼의 성과를 낼 수 있는 사업이라는데 의의가 있다.

오로지 요구되는 것이라면 끈기와 성공에 대한 확신, 그리고 열정이다. 포기하지 않고 꾸준히 하겠다는 마음만 있다면 사업수완이 남다르지 않더라도, 혹은 기술이나 재능이 없더라도 성공할 수 있는 구조를 갖추고 있다. 무엇보다도 네트워크 마케팅은 한 개인을 성장시키고 앞날에 대한 동기부여를 끊임없이 해주는 선진국형 사업이다.

또한, 자유로운 개인 시간을 활용하여 자기계발을 할 수 있어 누구나 자신의 삶을 좀 더 나은 방향으로 나아가게 만들어준다. 휴일도 없이 워커홀릭으로 일해야 하는 여느 직장과는 달리 휴일과 휴식을 충분히 즐기면서도 장소와 시간에 구애됨 없이 사업을 할 수 있으며, 본인은 물론이고 가족에게도 상속될 지속적인 수입원을 구축할 수 있는 사업이기도 하다. 또한 경쟁자를 밟고 이겨야만 살아남을 수 있는 일반 사업과 달리 뜻이 맞는 사람들과 성공을 공유하며 상호 간에 윈윈할 수 있는 시스템 구조를갖고 있다.

얼핏 보기에 비현실적으로 보일 수도 있는 이러한 이점들은 사실 네트워크 마케팅의 원리를 알고 나면 당연한 것임을 이해하게 될 것이다. 네트워크 마케팅은 선천적인 재능이나 장기간의 노력 투자가 아니라 정해진 시스템을 정확하게 습득하기만 하면 누구나 짧은 기간 안에 성과를 올리게 되는 일이기 때문이다.

미국 전직 대통령인 빌 클린턴도 인정한 마케팅이다

네트워크 마케팅은 미국 전직 대통령 빌 클린턴도 인정한 직접판매의 대표 마케팅이다. 다만 실패의 원인은 네트워크 마케팅에 있는 것이 아니고 바로 실행하는 방법에서 그 이유를 찾아 볼 수 있다.

행여 네트워크 마케팅의 이러한 장점을 알고 있더라도 선뜻 이 사업에 나서지 못하는 이유는 있다. 이른바 한때 '피라미드' 라 불리며 사회 문제로 떠오른 불법 다단계에 대한 부정적인 인식 때문이다.

한때 우리나라의 수많은 사람들이 네트워크 마케팅에 열광하면서 사업자 수가 기하급수적으로 증가했다. 하지만 이런 열기는 얼마 가지 못했다. 이른바 '사람 장사' 라고 불리는 불법 피라미드가 기승하면서 네트워크 마케팅의 훌륭한 시스템과 취지는 흔적도 없이 사라져버렸다. 무작정 제품 판매와 하위 사업자를 늘리는 데만 몰두한 나머지 수많은 가계가 파산했고, 상위 사업자들의 불법 행위가 서서히 드러나면서 네트워크 마케팅에 대한 신뢰도는 바닥을 쳤다. 그렇다면 이런 사태의 근원은 어디에 있는 것일까?

일부 불법적 방식을 벌인 사업자들도 문제지만, 근본적으로 이는 네트워크 마케팅에 대한 중대한 오해로부터 비롯되었다고 보는 것이 맞을 것이다. 심지어 불법적 이미지에서 탈피해 새로이 재정비한 네트워크 비즈니스에서도 항상 성공하는 사람만큼 실패하는 사람들이 많았던 이유가 있다. 이는 네트워크 마케팅을 '일확천금의 기회' 라고 생각하는 잘못된 인식이 팽배해 있었기 때문이다.

사람들은 먼 미래의 막연한 모습을 성공의 이미지로 상상하는 경우가 많다. 하지만 성공이란 멀리 있는 것이 아니다. 또 현실에서 볼 수 없는 특별한 극소수의 사람만 성공할 수 있는 것도 아니다.

네트워크 마케팅에서 성공한다는 것은 자신을 믿고 꿈을 잃지 않는다는 뜻이다. 열린 마음으로 변화하는 세상을 받아들이고 원대한 꿈을 현실화시킨다는 뜻이다. 또한 정상에 몸소 올라 꿈을 실현시킨 사람들의 경험과 이상을 내 것으로 복제한다는 뜻이기도 하다.

그렇다면 이 책을 왜 읽어야 할까?

가장 중요한 이유는 네트워크 마케팅이 앞으로 100세 시대, 120세 시대 당신의 노후를 끝까지 책임 질 수 있는 미래 지향적인 새로운 패러다임의 선두에 놓여 있기 때문이다.

또한, 이 책은 적지 않은 시간 동안 풍부하고 다채로운 사업 경험 속에서 터득하고 체득한 비즈니스의 실전 지침과 구체적인 요령을 수록한 책이다. 네트워크 마케팅을 시작하려 하거나 한창 활발하게 사업을 진행 중인 모든 이들이 비즈니스 현장에서 수시로 마주치는 크고 작은 의문점에 대한 실전 경험을 수록해 놓았다.

또한 네트워크 마케팅을 할 때 어떤 문제가 닥칠 수 있으며 그럴 때는 어떤 방법으로 해결할 수 있는지를 실질적으로 알려주는 책이다. 누구나 즉각 활용하고 자신의 답답한 점을 해소할 수 있도록 명쾌하게 해결법을 제시함으로써 각 개인의 단계에 맞는 상황별 해법과 방법을 찾을 수 있을 것이다.

어떻게 해야 성공적인 네트워크 마케팅을 할 수 있는지에 대해 조언하는 사람들은 많다. 하지만 정말로 현장에서 활용할 수 있는 요령을 터득하려면 무엇보다 중요한 것은 '실천' 이다. 아무리 좋은 기술과 방법을 알고 있다 하더라도, 머릿속으로만 알고 실천에 옮기지 않으면 그 지식은 무용지물이기 때문이다.

이 책에 나온 항목들을 숙지해두고 자신의 사업 현장에서 행동에 옮기기만 한다면 그동안 반복했던 실수를 자양분 삼아 더 발전한 내일을 일굴 수 있을 것이다.

네트워크 마케팅에서 성공한다는 것은 무엇일까? 그것은 지금 당장 이유 없이 일확천금을 손에 쥐는 것은 아니다. 성공을 한다는 것은 '변화한다' 는 것이다. 내면이 변화하고, 삶의 방식이 변화하고, 사고의 패턴이 변화한다는 의미이다. 변화를 소망하고, 실천하고, 나아가 주변 사람들도 그것을 실천할 수 있도록 하는 것을 '복제' 라고 한다.

이 책은 성공을 복제할 수 있게 만드는 네트워크 마케팅에 대한 실전 지침서이다. 다음과 같은 사람이라면 누구나 반드시 읽고 실천해볼 것을 권한다.

- 일하면서도 즐겁고 신나는 인생을 살고 싶은 사람
- 진심으로 비전 있는 일을 하고 싶은 사람
- 지금 당장 성공을 실천할 방법을 알고 싶은 사람
- 막연한 이론이 아닌 현실적이고 현장 중심적인 노하우와 정보가 궁금한 사람
- 새로운 것을 받아들이고 실행할 의욕을 갖고 있는 사람
- 네트워크 마케팅을 통해 인생의 가능성을 열고자 하는 사람
- 시작했거나 진행 중인 비즈니스에 있어서 실수를 줄이고 개선하려는 사람
- 사업에서 뭔가 막히는 부분이 있어 시원하게 풀고 싶은 사람

이 책은 당신의 삶에서 불가능한 것은 없다는 것을 알려줄 것이다. 비즈니스를 진행함에 있어 가려운 부분을 시원하게 긁어주며 실전에서 바로 활용할 수 있는 핵심적인 지침들을 모든 페이지에서 말해줄 것이다. 하나씩 적용하고 실천하다 보면 어느새 당신이 꿈꾸던 미래가 성큼 가까워져 있을 것이다.

최초의 컨택에서 리크루팅에 이르기까지 이 책에서 알려주는 단계별 비법들을 직접 실천해보고 적용해보기 바란다. 물론 처음에는 실천이 어려울 수도 있고 시행착오를 거듭할 수도 있겠지만, 갑자기 모든 일이 술술 풀려야만 한다는 압박감을 버리고 조금씩 내 것으로 만들어나갈 수 있다는 확신과 배포를 간직하기 바란다.

이 책을 펼쳐든 순간 당신은 이미 성공할 준비가 되어 있는 사람이다. 이어서 우리는 네트워크 사업으로 성공하기 위해 던지는 8명의 예비사업자들의 질문을 만나볼 것이다. 또한 이 책장을 덮을 즈음이면 그 질문의 답들을 스스로 찾을 수 있을 것이다. 과거에 어떤 실수를 저질렀건, 어떤 실패를 겪었건 아무런 상관이 없다.

'오늘은 남은 인생의 첫날' 이라는 말이 있는 것처럼 오늘, 지금 이 순간, 자신의 실수와 실패를 딛고 우뚝 서서 성공을 내 것으로 만들 수 있을 것이다.

사람마다 선택의 기준은 다르다

아래의 질문들은 실제로 네트워크 사업을 결심한 이들이 각각의 상황에서 던진 질문들이다. 여기에는 망설임도 있지만 새로운 기회를 통해 더 나은 인생을 찾고자 하는 열망, 새로운 사업을 시작하기 전에 그 사업의 본질과 비전에 대해 알고자 하는 의지가 담겨 있다.

나아가 각각 나이도 성별도 살아온 삶도, 제각각 처한 상황도 다른데도 얼마나 많은 사람들이 네트워크 마케팅을 통해 꿈을 이루어가고 있는지를 보여주기도 한다.

이 다양한 질문들에 대한 답을 이어지는 내용들에서 찾아볼 수 있다. 이 책은 바로 이런 질문들에 대답하기 위해 쓰여 졌기 때문이다.

여러분은 어떤가? 네트워크 마케팅이라는 사업에 대해 알아보면서 어떤 질문들을 가슴에 품고 있는가? 지금 내 상황에서도 이 사업에 도전해 볼 수 있을까, 과연 사업을 통해 새로운 인생을 살 수 있을까, 네트워크 마케팅이 정말로 믿을만한 사업인가 등등의 질문이 떠오른다면 이어지는 내용들을 꼼꼼히 체크하며 살펴보자. 이 책을 덮으며 가슴에 품었던 질문에 대한 답을 찾을 수 있을 것이며, 그것이 당신의 사업을 성공으로 이끌어주는 큰 원동력이 될 것이다.

강형철비즈니스연구소 대표

강 형 철

Q 질문 1
한 직장만 고수했는데 네트워크 마케팅에 도전해볼 수 있을까요?

15년 가까이 대기업에서 근무해왔던 직장인입니다. 오랜 시간 동안 한 분야에서 많은 일을 성취해왔고 두각을 나타내기도 했지만, 40대가 넘어서자 어쩔 수 없는 회의감에 빠졌습니다. 최근 승진에서 탈락한 데다 지속적인 경기불황으로 인한 인원 감축에서 이번에는 살아남기 어려우리라는 예감이 들었기 때문입니다.

대학을 선택할 때만 해도 당시 분위기에 맞춰 공대를 택했지만, 사실 저는 홍보나 경영 쪽에 관심이 많았습니다. 덕분에 직장생활을 통해 영업과 마케팅 등의 분야에서 실전 경험을 쌓기도 했고, 직장생활 틈틈이 마케팅이나 컨설팅에 관한 책을 읽으며 지금과는 다른 미래를 꿈꾸곤 했습니다.

그러나 밥 먹듯 이어지는 야근과 초과근무로 인해 주말이면 잠을 자기 바빴고, 젊은 시절에 꿈꿨던 자신만만한 미래는 점점 멀어지는 듯 보였습니다. 직장생활을 하다 보면 책 한 권 읽을 시간 내기도 힘들었고, 나 자신을 돌아보기도 어려웠습니다.

오랜 직장생활 경험을 자원 삼아 능력을 발휘해 저만의 사업을 하며 가끔은 충분한 휴식 속에 재충전을 할 수 있는 자유로운 삶은 정녕 꿈속에서만 가능한 일일까요? 직장을 그만두고 나서 앞으로 어떤 삶을 꿈꿀 수 있을지 고민이 드는 요즘, 네트워크 마케팅이라면 제 관심 분야와 경험을 살려 도전해볼 수 있을 것 같은 생각이 듭니다. 하지만 한 직장에서만 뿌리를 내린 탓에 새로운 환경에 적응할 수 있을지 걱정이 되기도 합니다. 과연 제가 이 사업에 도전해볼 수 있을까요?

질문 2

Q 네트워크 마케팅 경험자입니다. 다시 도전해보고 싶지만 두렵습니다.

20대 시절 잠깐 네트워크 마케팅에 도전해본 적이 있습니다. 당시 사업설명회에 참여했다가 큰 고민 없이 사업을 결정하게 되었지요. 설명회에서 도표로 보여준 사업자들의 성장 속도가 엄청났고, 스스로 젊고 인간관계도 좋으니 충분히 도전해볼 수 있으리라 생각했기 때문입니다.

하지만 미팅을 나갈 때마다 제 상위 스폰서는 은근히 저에게 물건을 강매했습니다. 처음에 물건을 많이 사야만 더 많은 지원을 받을 수 있다는 것입니다. 결국 저는 처음에 무리해서 제품을 구매했고, 그 이후에는 네트워크 마케팅이라고 하면 손사래부터 젓는 수많은 경험자들의 전철을 그대로 밟았습니다. 무리하게 사들인 제품들을 어떻게든 팔아야 했기에 가까운 친구부터 얼굴만 아는 지인들까지 수많은 사람들에게 연락해 부담을 주었으며, 그로 인해 제 인간관계는 돌이킬 수 없을 정도로 엉망이 되었습니다. 그리고 얼마 뒤 믿지 못할 상황이 벌어졌습니다. 저에게 물건을 판 스폰서에게 연락이 닿지 않았습니다. 이후 그 회사 자체가 유령 불법 피라미드 회사임도 밝혀졌고, 무리해서 구매한 물건 값은 고스란히 빚으로 남았습니다.

이후 저는 네트워크 마케팅이라고 하면 뒤도 돌아보지 않았습니다. 심지어 거기에 관심을 가지는 지인들을 말리기까지 했습니다. 그러던 와중

기회가 닿아 한 대학에서 진행하는 네트워크 마케팅 수업을 들을 기회가 생겼습니다. 그러자 왜 그때 제가 손해를 입고 상처를 입었는지도 알게 되었습니다. 신뢰를 쌓고 스스로를 변화시키기 전에 일확천금의 꿈을 꾸었던 저 자신에게 가장 큰 문제가 있었음을 깨달았습니다. 지금 다시 네트워크 마케팅에 도전해보려 하는데, 이번에는 제대로 된 사업을 진행할 수 있을지 불안하기도 합니다.

질문 3

Q 결혼하고 출산 후 회사를 퇴사하고 아이 둘을 키우며 가사 일만하고 남편의 월급으로 생활하는 30대 주부입니다.

결혼 전에는 지속적으로 직장 생활을 해왔으며 결혼 자금도 회사 월급으로 모아 결혼을 약간 늦게 했습니다. 그러나 주부라는 조건 때문에 회사의 상사들로부터 많은 압박에 시달리다 못해 결국 타의 반, 자의 반 회사를 퇴사하고 아이 둘을 유치원에 보내고 남는 자투리 시간에 파트타임으로 일을 해보았지만 아이들이 돌아오는 시간 때문에 지속성이 없으며 낮은 시급으로 계속 진행하기가 너무 어렵습니다. 당장은 시급으로 버티겠지만 미래가 불안합니다. 경력이 단절된 주부인 저도 이 사업에 도전해 볼 수 있을까요?

Q 질문 4
갓 취업한 인턴사원입니다

현재 한 기업의 계약직으로 일하고 있는 청년입니다. 1년 계약직이 마무리되는 시점에 새로운 계약직을 찾았고, 현재 3년째 계약직만 전전하고 있는 상황입니다. 열심히 하다보면 정 직원으로 채용될 수 있으리라 믿었는데, 이제는 그 믿음마저도 희미해지고 있습니다.
최선을 다하면 누구나 최고가 될 수 있다고 배웠는데, 현실은 그렇지 않은 것 같습니다.

노력한 만큼 성취하고, 최선을 다한 만큼 얻을 수 있는 직업을 가지고 싶습니다. 바늘구멍 지나기처럼 어려운 직장 취업에 몰두하며 좌절하는 것보다는 앞으로 평생 키워가는 사업을 찾고 싶습니다. 네트워크 마케팅이 과연 평생을 걸고 도전해볼 만한 사업이 될 수 있을까요? 그저 일시적으로 많은 돈을 벌고 그만두는 사업 형태가 아닌가요?

Q 질문 5
새로운 사회 활동 활로를 찾고자 하는 가정주부입니다.

자녀 둘을 둔 결혼 25년차 가정주부입니다. 저는 경영대학을 나와 사업을 하고자 하는 꿈을 가졌지만 결혼생활에 충실하다 보니 꿈을 이룰 기회가 없었습니다. 큰 아이와 작은 아이가 모두 대학을 들어가 서울로 올라가면서 저에게는 많은 자유시간이 생겼지만 막상 시간이 많아지니 무엇을 어찌 해야 할지 몰라 오히려 불안감이 듭니다.

저는 이 동네에서 25년을 보냈고 평소 대인관계가 좋은 편이라 주변에 사람이 많은 편입니다. 예전부터 많은 분들이 저에게 자기 일을 하면 성공할 것이라고 조언을 주시곤 했는데, 제 2의 인생을 맞이한 지금 꿈으로만 가졌던 마음을 현실로 이뤄보려고 합니다. 다만 오랫동안 가정에만 충실했는데 과연 사업에 도전해볼 수 있을지 고민이 드는 것도 사실입니다. 평범한 가정주부도 과연 네트워크 마케팅에 도전해 볼 수 있는 걸까요?

Q 질문 6
투잡을 고민하고 있습니다.

저는 회사에서 엔지니어로 일하는 30대 가장입니다. 아내도 맞벌이를 했을 뿐만 아니라 저 역시 오랫동안 일하며 꾸준히 저축을 했지만 이번에 아이가 태어나면서 더 많은 자금이 필요하게 되었습니다. 아내가 육아로 인해 맞벌이를 하지 못하게 되면서 자금 사정은 더욱 절박해진 상황입니다.

처음에는 대리운전 등을 해보기도 했지만, 지나친 피로로 현재 직업에 영향을 미쳐 안전이 우려되는 상황에서 다른 투잡을 찾아보던 중 네트워크 마케팅에 대해서 알게 되었습니다. 여러모로 안정적이고 자본이 적게 드는 사업인 것 같은데 문제는 저희가 사업 경험이 전무할 뿐 아니라 저는 직장 일로, 아내는 육아로 각각 자투리 시간을 이용해야 한다는 점입니다.

이처럼 자투리 시간을 통해서도 이 사업에서 성과를 얻을 수 있을지 궁금합니다.

Q 질문 7
자금이 부족한 퇴직자입니다.

50세 무렵 희망퇴직으로 직장을 잃은 뒤 제 삶은 목적을 잃고 흘러왔습니다. 하루하루 시간이 어떻게 흘러가는지도 모른 채 그저 밥을 먹고 잠을 자고 텔레비전을 보는 것이 전부였습니다. 모아놓은 노후자금은커녕 사실상 대학을 졸업하고 취업 준비를 하는 아이들을 뒷바라지하기에도 어렵습니다. 자영업을 하기에는 선뜻 나서기가 두려운 것이 만만치 않은 자본금 때문입니다.

이런 상황에서 할 수 있는 일을 찾아보기는 하늘에 별따기였습니다. 그 와중 지인 분께서 네트워크 마케팅 설명회에 저를 초대해주셔서 사업에 대한 비전을 가지게 되었습니다. 평소 사업에 대해 어렵게만 생각해왔는데 생활 속에서 차근차근 진행할 수 있고 많은 자본금이 들지 않는 사업이기에 부담 없이 결정할 수 있었습니다. 정말로 이 사업의 경우 많은 자본금이 들지 않는지 궁금합니다.

Q 질문 8
자영업 이후 새로운 길을 모색하는 중입니다.

저는 오랫동안 인테리어 가구 매장을 운영해왔습니다. 거의 20여 년간 자리를 잡고 사업을 확장시켰지만 최근 경기 침체로 자금난에 시달린 결과 사업을 접게 되었습니다. 비슷한 상황을 맞은 많은 사업 동료들이 직장으로 들어가거나 다시 비슷한 자영업을 시작하는 것을 보았지만, 결과는 그리 좋지 못했습니다.

사업이 어려워져 매장 문을 닫게 되긴 했지만 결과적으로 이는 저에게 새로운 시각을 주었습니다. 그간 가게에만 매달려 운영을 하는 동안 미래를 읽는 능력을 침체되고 인간관계, 가족관계, 꿈을 향해 도전하고자 하는 용기 모든 것을 잃었다는 느낌이 들었습니다. 또한 처음 가게를 시작할 때 느꼈던 성취감을 다시 한 번 느끼고 싶었습니다.

그 와중 네트워크 마케팅을 시작한 옛 지인 분이 성공한 모습으로 나타났습니다. 무엇보다도 얼굴 표정부터가 달라졌다는 느낌이 들었습니다. 그분을 만나 차분히 이야기를 나눈 결과 네트워크 마케팅이야말로 제 미래에 도움이 되리라는 확신이 들었습니다. 하지만 사업을 시작하기로 결심하고도 아직 구체적인 그림이 그려지지 않는데, 사업 설명회나 여러 미팅 등에 참가하면 초보자도 사업에 대한 계획이 설 수 있을까요?

⇨ 당신이 궁금해 하는 의문점들은 페이지를 펼치면서 그 이유를 확인해 보세요.

스타트! 이제 어떻게 해야 할까

- 성공에 대한 확신과 함께 부정적 생각 버리고 도전 -

1. 내가 그것을 어떻게 할 수 있어? (생각보다 행동이 중요해)

2. 대단한 사람만이 성공하는 거야. (나는 무한한 가능성이 있다)

3. 아는 것이 없어. (아는 것으로 성공하는 것이 아냐)

4. 나는 게으른 것 같아. (부지런하다고 다 성공하는 것은 아니야)

5. 사람 만나는 것이 불편해. (불편하다는 것은 신중하다는 거야)

6. 난 소통이 어려워. (마음을 열고 다가가)

7. 난 이제껏 이룬 것이 없어. (지금이 중요해)

8. 난 못할 것 같아. (긍정적으로 생각해)

9. 그럼, 뭘 할 건데? (현실을 직시해)

10. 하루아침에 되겠니? (하루아침에 되지는 않지만 나 스스로를 믿고 연습과 함께 점점 더 발전할 거야)

차례

3장

너무 늦어서 못할 일은 없다 _ **구체적인 계획**

4장

성공적인 사업설명회의 비밀 _ **사업설명(STP)**

5장

찾아오게 만드는 인간관계의 노하우 _ **인맥 구축**

6장
완벽한 사람은 없다 _ **동기부여**

7장
진심보다 더 강한 테크닉은 없다 _ **후속조치**

1장

목적이 있어야 목표를 세울 수 있다

목표설정

1

자신감이 만들지 못한 기적은 없다

한계를 넘어 날아오르게 하는 힘은?

많은 이들이 성공에 대한 꿈을 꾸면서도 속으로는 '그건 불가능해' 라고 생각한다. 이처럼 가능과 불가능의 한계란 알고 보면 자기 자신이 정해놓는 경우가 많다. 다음의 사례를 보자.

아이들이 천진난만하게 뛰놀고 있는 미국의 한 공원에 어느 날 풍선 파는 노인이 나타났다. 아이들은 너도 나도 달려와 알록달록한 수소 풍선을 저마다 하나씩 사갔다. 각자 풍선을 가지고 놀다 하늘로 날려 보내며 즐거워했다. 그러나 공원 구석에 있던 한 아이는 선뜻 나서지 못하고 망설였다. 다른 아이들은 다 백인인데 자신은 흑인이라 함께 어울리지 못하고 주눅이 들어 있었던 것이다.

노인은 그 소년에게도 풍선을 하나 건네주었다. 소년은 그제야 마음을 놓고 풍선을 가지고 놀다 가볍게 하늘로 날려 보냈다. 그런 그에게 노인이 이렇게 이야기했다.

"저 풍선이 하늘 높이 떠오를 수 있는 건 풍선 색깔 때문이 아니라 속에 있는 가벼운 수소가스 때문이란다. 높이 오르고자 하는 자신감만 있다면 누구나 하늘 높이 올라

갈 수 있는 것이지. 겉으로 보이는 풍선 색깔과 상관없이 말이다."

노인의 이야기에 소년은 비로소 깨달았다. 중요한 것은 피부색이 아니라 마음속의 자신감이라는 것을. 그 후 소년은 인종차별적 사회 장벽에도 불구하고 열심히 노력하여 훌륭한 심리학자가 되었다.

미국의 심리학자 케인 박사의 실화로 알려져 있는 이 이야기는 성공에 결정적인 영향을 끼치는 요소는 결국 우리 외부가 아니라 내면에 있다는 점을 알려준다. 내면을 가득 채우고 있는 자신감이야말로 불가능한 것을 가능하게 만들고 한계를 넘어 하늘 높이 날아오르게 만든다는 것이다.

성공의 제1요소는 자신감

자신감은 네트워크 사업을 진행할 때 상대방이 이 사업을 하지 않으면 이 사업의 비전을 알지 못한 사람이라고 생각하고 그 사람을 이 사업에서 만큼은 초기사업자라고 생각하고 당당하게 플랜과 비전을 함께 보여줘야 한다. 또 하나는 나의 시작은 초라하나 이미 이 사업에서 성공하고 있는 업라인의 성공이 곧 나의 미래의 성공임을 확신하고 지금은 이 위치지만 앞으로 그와 같이 곧 성공할 것이라는 자신감이 중요하다.

성공학에서 가장 많이 거론되는 세계적인 대가 나폴레온 힐은 "성공을 믿는 순간 당신은 이미 성공의 첫발을 내디딘 것이다."라고 말한 것처럼 성공할 수 있다는 자신감, 그 자신감에서 비롯되는 강한 믿음이 바로 성공의 핵심 요소다.

자신감이 부족한 사람은 정말 못나서가 아니라 자신에게 숨어 있는 잠재력을 깨닫지 못해 자신이 못났다고 '착각' 한다. 세계적인 리더들을 보자. 때로는 명석한 두뇌나 남들에게 없는 능력을 가진 경우도 많지만, 결국 그 밑바탕에는 역경과 시련을 발판 삼아 두려움을 극복할 수 있다는 자신감이 내재되어 있다.

인생이 마냥 수월한 사람은 없다. 나보다 더 좋은 조건을 타고난 듯 보이는 사람도 내면에 의외의 상처가 있을 수도 있다. 또 외부적으로 크게 성공한 사람에게 알고 보면 무수한 실패의 경험이 있을 수도 있다.

다른 사람에게 좋은 영향력을 끼치고 밝은 에너지를 갖고 있는 사람은 처음부터 유리한 출발선상에서 시작한 사람이 아니라 시련을 이겨내 왔고 앞으로도 이겨낼 수 있다는 자신감, 즉 어떠한 기적도 내 것으로 만들 수 있다는 의지가 있는 사람이다.

긍정하고 감사하고 행동하라

그렇다면 자신감을 가지기 위해 필요한 요소들은 무엇일까?

첫째, 긍정적인 태도이다.

긍정적인 태도란 가지지 못한 것을 따지기보다 가진 게 무엇인지를 생각하는 태도다. 못한 것에 미련을 갖는 대신, 잘한 것을 더욱 계발하려는 마음이다.

둘째, 감사하는 마음이다.

달리기 경주에서 1등을 하지 못한 것에 대해 자신이나 남을 원망한다고 치자. 반면 어떤 사람은 달릴 수 있는 건강한 두 다리를 가졌음을 발견하고 그 자체로 고마워한다. 감사란 결국 당연하다고 생각했던 것들 속에 무궁무진한 귀한 가치와 혜택이 있었음을 알아차리는 것이다.

셋째, 행동하는 의지에 있다.

환경을 탓하는 사람들은 자신의 삶을 직접 선택할 수 있다는 것을 알지 못한다. 실패의 원인을 외부의 열악한 조건에 돌리는 것은 자신의 삶을 수동적으로 바라보는 태도이다. 반면 자신에게 남다른 장점이 있음을 알고, 얼마든지 앞날을 위한 새로운 목표를 세울 수 있고, 운명을 스스로 개척할 수 있음을 깨닫는다면 외적인 난관들이 자신을 무너뜨릴 수 없음을 비로소 깨닫게 된다.

출신이나 국적, 부모를 자기 입맛에 맞게 골라서 이 세상에 나오는 사람은 없다. 그러나 그 이후의 삶은 누구나 자기 의지에 의해 선택하고 변화시킬 수 있다.

내 삶을 내 손으로 개척할 수 있다는 의지에서 우러나오는 건강한 자신감. 그것이야말로 성공을 향한 가장 의미 있는 첫 걸음이 된다.

이거 알아요!

로사다 비율이 말하는 성공의 법칙

긍정적인 마음은 같은 상황도 다른 시각으로 보게 만든다. 이와 관련해 인간의 긍정성이 가진 힘을 가장 잘 보여주는 이론이 있다. 바로 로사다 비율이다.

로사다 비율은 미국 노스캐롤라이나 대학의 마셜 로사다 교수가 제창한 것이다. 그는 미국의 기업체 60개에서 수집한 각 회사의 회의록에 쓰인 언어를 분석하는 작업을 수행했고, 그 결과 놀라운 사실을 발견했다.

조사 결과 회의록에 쓰인 어휘 비율 중 '긍정적인 어휘 : 부정적인 어휘 = 2.9 : 1' 이상인 회사들은 지속적으로 성장세를 보였다.

반면 이 비율 이하인 기업, 그리고 부정적인 어휘를 더 많이 쓰는 기업들은 더 이상 성장하지 않거나 퇴보하는 것을 볼 수 있었다.

이 연구로 인해 만들어진 것이 '로사다 비율' 로서 '2.9 : 1' 의 법칙이라고도 불린다. 즉 긍정적인 어휘가 부정적인 어휘보다 2.9배 이상 더 많이 사용될 때 기업과 사람의 발전 가능성이 높다는 뜻이다.

많은 심리학자들은 능력이 비슷할 때 기왕이면 긍정적이고 낙관적인 성향을 가진 사람이 부정적이고 비관적인 성향을 가진 사람보다 성공 가능성이 높다고 말한다. 성공해서 긍정적인 것이 아니라 긍정적이기에 성공하는 것이라 할 수 있다.

2

꿈만 꾸지 말고 비전을 만들자

당신의 꿈은 무엇입니까? 누구나 한번쯤은 지난날을 돌이켜보며, 젊은 시절 가졌던 꿈을 돌이켜보게 된다.

그때 나는 사업가가 되고 싶었는데….

그때 나는 화가가 되고 싶었는데….

그때 나는 해외유학을 가서 공부하고 싶었는데….

놀라운 점은 우리 대부분은 자신이 꿈꾸던 삶을 살고 있지 않다는 점이다. 대체 무엇 때문일까? 반면 간절히 원하던 꿈을 현실로 이뤄낸 사람들은 분명히 존재한다. 그렇다면 꿈을 이룬 사람과 그렇지 않은 사람 사이에는 어떤 차이가 존재하는 걸까?

꿈을 가둬놓지 말아야 할 이유

마음속으로 원하기만 하고 아무 것도 하지 않는다면 그것은 정말로 눈 뜨면 사라지는 꿈처럼 헛된 것에 불과하다. 중요한 것은 그 꿈을 현실화시키기 위한 과정이다.

지금은 갖고 있지 않지만 앞으로는 갖겠다는 열망, 지금은 조금밖에 갖추지 못했지만 미래에는 지금보다 많이 갖추고 싶다는 바램을 위해 할 수 있는 일들을 하나씩 실행하고 그 노력을 멈추지 않는 것이다.

사람은 누구나 지금보다 더 나은 삶을 원한다. 그것이 돈이든 권력이든 사회적인 지위든 더 좋은 것, 더 많은 것을 원하게 마련이다. 이처럼 갖고 싶어 하고 원하기는 하는데 실제로는 아무 것도 하지 않는다면 그것은 정말로 꿈 이상도 이하도 아닐 것이다.

좋은 성적을 받고 싶은데 공부를 하지 않거나, 돈을 벌고 싶은데 가만히 앉아 아무 것도 하지 않는 사람은 결코 성적이 오를 일도, 돈을 벌게 될 일도 생기지 않는다.

뭔가를 실행으로 옮기지 않는 사람은 자신의 꿈을 자신의 한계와 틀 안에 가둬놓는 사람이다. 앞으로의 미래가 지금까지의 삶과는 다르기를 원한다면 꿈을 자기 안에 가둬놓는 것을 중단해야 한다.

꿈을 현실화시키는 것이 비전이다

인생계획표 점검

꿈 : 시간과 경제적 자유를 누리며 후회 없이 살기

- 건강은 기본 !

- 30세 - 행복하게 살기
  - 국내 · 외 여행 자유롭게 하기
  - 내 집 마련 준비

- 40세 - 전원주택 마련
  - 가족 챙기기
  - 자산 10억 만들기

- 50세 - 안정된 생활
  - 사회봉사 활동
  - 취미 활동

- 60세 - 사업 소득 갖기
  - 현금 소득 갖기

- 70~100세 - 건강하게 살기

꿈을 현실로 만들기 위해 첫 번째로 필요한 것은 '비전' 이다. 비전이란 막연한 꿈을 구체화시키는 작업이다.

성적을 올리고 싶다면 오늘 당장 몇 시간 동안 무엇을 공부할 것인지, 부자가 되고 싶다면 지금 당장 무엇을 시작하고 기간별로 무엇을 차근차근 할 것인지 등등 앞날의 목표와 최종적인 목적을 명시하는 것이 비전의 시작이다. 체계적으로 계획을 세우고, 분기별 플랜을 짜고, 실천 리스트를 만들어 체크하는 것이다.

이렇게 체계화하고 구체화하여 하나씩 실천한다면 마음속의 막연했던 꿈도 비로소 그 실체가 드러나게 된다. '이루기 어려워 보이는 꿈' 을 이룰 수 있는 어떤 것으로 그려보고 시각화하는 것이 곧 비전이다.

사람은 누구나 꿈이 있다. 그러나 꿈을 가둬놓는 것과 실행하는 것은 1년 후, 5년 후, 10년 후에 전혀 다른 결과를 가져온다.

그러므로 자신의 꿈을 구체화할 수 있도록 비전을 세워야 한다. 그것이 현실화된 미래 시점의 큰 그림을 그리고, 그 그림을 완성시키기 위한 세부 계획을 수립하고, 그 계획을 실행에 옮기기 위해 지금 할 일과 앞으로 할 일들을 구분해 보자.

시도하지 않는 자에겐 변화도 찾아오지 않고, 행동으로 옮기지 않는 자에게 꿈은 영영 마음의 감옥에만 존재한다.

3

비전을 구체화하는 것이 목표다

비전을 현실적인 것으로 만들어라

막연한 꿈을 현실화시키는 첫걸음이 '비전 세우기' 라면, 비전 세우기의 첫 단계는 '목표 세우기' 다.

아무리 그럴 듯한 비전을 수립했더라도 그 비전을 향한 최종 목표와 목적이 구체적으로 확립되지 않는다면 그 역시 비전으로 끝날 가능성이 높다.

한 예로 호랑이가 토끼를 사냥하는 데에는 확실한 이유와 목표가 있다. 먹이를 사냥해야만 생존할 수 있고 어린 새끼들을 먹여 살려 종족보존을 할 수 있기 때문이다. 확실한 목표와 이유를 가지고 있기에 먹잇감의 움직임을 포착하고 그 먹이를 단번에 낚아채기 위해 잠복하며 때를 기다릴 수 있다.

그런 것처럼 사람에게는 앞날에 대한 뚜렷한 목표가 있어야 한다. 그리고 그 목표는 자신의 삶에 대한 궁극적인 비전을 실현시켜줄 수 있는 구체적인 과정이어야 한다.

예를 들어 여행을 하고 싶다는 '꿈' 이 있다면, 여행이라는 꿈을 통해 넓은 세상을 만난 후 여행에서 돌아왔을 때 어떤 변화를 맞이하고 싶다는 '비전' 또한 이 비전을 구체화하려면 어디를 여행할 것인지, 교통수단은 기차를 탈 것인지 비행기를 타고 갈 것인지, 잠은 어디서 잘 것인지, 여행 기간은 얼마나 잡을 것인지 등의 실행 리스트가 작성되어야 한다.

이거 알아요!

당신은 무엇을 할 것인가?

경기 불황의 추세에서는 돈을 벌 수 있는 방법들에 대한 관심이 높을 수밖에 없다. 다들 높은 수익을 안겨 주는 금융 상품이나 투자 상품을 찾아 헤매는 것도 이런 상황 때문이다. 여기서 세계의 성공한 투자자로 꼽히는 앙드레 코스톨라니의 경고를 돌이켜보자.

"투기를 통해서 고정적으로 돈을 '번다' 는 생각은 아예 하지 말아야 한다. 사람들은 주식으로 큰돈을 따거나 잃을 수는 있다. 하지만 주식으로 돈을 벌 수는 없다."

이는 투기로 대박을 터뜨리겠다는 생각은 엉뚱한 몽상에 불과하다는 것을 보여준다. 시도 때도 없이 낙폭을 거듭하고 있는 주식과 펀드로 휘청거리는 이들을 보라. 이는 사실은 투기를 하고 있는데 자신은 투자를 했다고 믿는다. 자기 돈이 실제로 어디에 들어가 있는지도 분명히 모르면서 무작정 주가 상승률에 기대어 많은 돈을 쏟아 붓다가 쓰라린 결과를 맞은 셈이다.

투자를 결심했다면 한 가지 사실을 기억해야 한다. 세상에 위험 없이 고수익을 얻는 투자 상품은 존재하지 않는다는 점이다. 안전한 투자 대상으로 알려진 부동산은 어떤가? 부동산은 지난 20년간 불패 신화를 탄생시키며 대표적인 투자로 인기를 끌었다. 그러나 최근 외환위기와 세계 불황 여파로 부동산 시장이 붕괴하면서 국내 부동산 시장도 나락 속으로 떨어지고 있다. 무리하게 대출을 받아 부동산을 몇 채씩 마련했던 이들이 순식간에 파산에 이르고, 급매물이 나와도 팔리지 않는 상황도 부동산 시장의 몰락을 대표하는 현상들이다.

그렇다면 안전하게 취직해 돈을 버는 직장은 어떤가? 그러나 직장도 더는 안정적인 곳이 아니다. 툭 하면 구조조정이다 비정규직이다 해서 최소한의 임금을 받고 강도 높은 노동을 강요당하며 쓸모가 없으면 버려지는 게 현실이다.

그렇다면 이제는 어떤 방식으로 이 위기를 타개해 나갈 것인가? 수입보다 지출이 많은 불안한 하루하루를 살아갈 것인가? 아니면 이 변화의 파도를 타고 새로운 시도를 통해 경제적 자유를 향해 도전해 볼 것인가? 문제는 당신의 선택에 있다.

목표가 없는 사람과 있는 사람의 차이

흔히 사람의 눈빛에서 많은 것을 읽을 수 있다. 삶의 목표가 뚜렷한 사람과 그렇지 않은 사람은 벌써 눈빛에서 뿜어져 나오는 기운과 에너지가 다르다.

하루하루 먹고 살고 있지만 왜 살아야 하는지에 대한 비전을 잊어버린 채 아무런 열정과 흥이 없이 시간을 보내는 사람의 눈빛에는 생기가 없다. 하지만 같은 일을 하더라도 삶에 대한 뚜렷한 목표가 있고, 지금 하는 일을 통해 무엇을 이룰지에 대한 비전이 뚜렷한 사람의 눈빛은 매일 매 순간 에너지가 가득하다. 그런 사람은 발걸음, 목소리 톤, 말투, 타인을 대하는 태도부터가 다르다.

사람들은 생기 있는 눈빛을 지닌 사람에게 자연스레 호감을 갖는다.

아무리 지금 당장은 가진 것이 많지 않고 지위가 대단하지 않더라도 다른 사람에게 믿음을 주고 긍정적인 에너지를 준다. 사람들은 그런 사람을 더 자주 만나고 싶어 하며 '저 사람은 언젠가는 지금보다 더 잘 될 것'이라고 생각한다. 그리고 실제로도 그렇게 된다.

살던 대로 살 것인가?

현대인은 자신이 뭘 위해 사는지를 돌아볼 겨를도 없이 바쁘게 산다. 그래서 자신이 꿈꾸던 삶이 무엇이었는지 잊어버렸거나, 혹은 자기가 정말 원하는 꿈이 무엇인지조차 제대로 알지 못한 채 사는 경우도 많다. 다음 질문에 한 번 대답해보자.

당신에게는 예전에 어떤 꿈이 있었는가?

지금은 어떤 꿈을 가지고 있는가?

죽기 전에 꼭 해보고 싶은 일은 무엇인가?

어떤 형태의 삶을 영위하고 싶은가?

간절히 원하던 삶을 지금 살고 있는가?

물론 어떤 사람들은 '그저 살던 대로 살면 그만이다.' 라고 대답할 수도 있다. 그렇게 대답하는 사람들은 지금의 삶에 정말로 너무나 만족해서 더 이루고 싶은 것이 없어서일 수도 있지만, 사실은 그와 정반대인 경우가 많다.

이루고 싶은 꿈이 사실은 있지만, 그 꿈을 이룰 수 있는 방법이 너무나도 막막하고 멀게 느껴져 차라리 포기하고 싶은 것이다. 뭔가를 새로 시작하는 것에 대한 두려움이 너무 큰 나머지 '지금 사는 삶에 만족한다.'라고 스스로를 속이는 것일지도 모른다.

그러나 사람은 누구나 과거보다 나은 현재, 현재보다 나은 미래를 꿈꾼다. 앞날의 삶은 더 나을 것이라고 믿고 싶어 하며, 더 좋은 쪽으로 변화된 삶을 꿈꾸는 것이 당연하다. 그것은 인간의 본능이나 마찬가지다.

지금보다 나은 삶을 살고 싶은가?

그렇다면 진정 원하는 것을 얻기 위해 기꺼이 새로운 변화를 추구할 용기를 내야 한다. 인생이란 변화의 욕구를 인정하고 실천하는 데서 발전한다. 후회 없고 미련 없는 삶을 살고 싶다면, 자신의 꿈이 무엇인지, 하고 싶은 일이 무엇인지를 다시 생각해보자. 그리고 그 꿈을 실현시켜줄 목표를 구체화해보자.

4

꿈을 현실화하는 방법은?

목표를 현실화하기 위해서는?

불안정한 사회구조 속에서는 어떤 돌발 사건이 벌어질지 아무도 예측할 수 없다. 누구에게나 불의의 사고, 갑작스런 경제적 하락이 찾아올 수 있는 데 반해, 그러한 위험성에 대비할 방법은 생각보다 많지 않다. 웬만한 직장생활로는 안정적인 소득과 노후를 기대하기 어렵다는 것은 대한민국 사람이면 누구나 안다. 삶의 안정성이나 복지를 국가에만 기대하기에는 사회적 구조나 정책이 미흡한 것이다.

바꿔 말하면 각자 자기만의 확고한 목표를 세우고 빠른 변화를 통해 미리 대비를 하는 것만이 꿈을 실현시키고 원하는 것을 얻는 유일한 길이라고 해도 과언이 아니다.

그렇다면 앞날에 대한 목표를 달성하고 현실화하기 위해서는 어떤 점을 염두에 두어야 할까? 나폴레옹 힐은 목표를 이룩하기 위해 다음 6가지를 단계별로 실천하라고 조언한 바 있다. 좀 더 풀어서 설명하면 아래와 같다.

첫 번째 단계 : 원하는 재물(금액)의 크기

당신이 원하는 것(벌고 싶은 돈의 액수나 재물의 범위 등)을 명확하게 설정해두어라.

두 번째 단계 : 감수해야 할 것들

당신이 원하는 것을 얻기 위해서는 그에 따른 어느 정도의 대가와 희생을 치러야 함을 알고 준비하라.

세 번째 단계 : 기간 설정

원하는 목표를 언제까지 달성할 것인지 구체적 기간을 설정하라.

네 번째 단계 : 계획과 실행

그 기간 동안 무엇을 할 것인지 계획하고 즉시 실행으로 옮겨라.

다섯 번째 단계 : 시각화 기록

위의 첫 번째~네 번째의 각 단계를 기록으로 남겨라.

여섯 번째 단계 : 반복

매일 실천할 수 있는 것들을 하고, 목표와 계획과 행동을 시각화하여 아침저녁으로 읽으며 되새겨라.

평범한 사람의 꿈이 실현되는 사업

네트워크 마케팅은 꿈의 사업이라고 일컬어진다. 말도 안 되는 허황된 꿈을 당장 이뤄준다는 뜻이 아니라, 기존의 재산, 지위, 학력, 능력과 상관없이 누구나 원하는 꿈을 향해 나아갈 수 있게 해주는 사업이라는 뜻이다. 부의 세습이 고착화되고 빈익빈 부익부가 가속화된 지금 시대에 이는 그 자체로 꿈같은 일이 아닐 수 없다. 그러나 네트워크 마케팅을 경험한 모든 성공자들은 그러한 '꿈같은 일' 이 자신의 삶에서 실제로 일어났음을 증언한다.

이 사업을 통해 할 일은 비전을 갖고, 그것을 향해 실천할 의지를 가지고, 주어진 단계들을 실행에 옮기는 것이 전부다. 즉 꿈을 현실로 만들 수 있다는 믿음, 실현시키고야 말겠다는 의지력, 중간중간 시련이 오더라도 중도포기하지 않겠다는 다짐. 네트워크 사업을 하기 위해 갖춰야 할 준비물은 이런 것들이다.

꿈의 현실화를 위해 기억해야 할 것들

꿈을 현실화할 수 있는지 여부는 바로 당신의 지금의 선택에 달렸다. 이 선택에 앞서 다음과 같은 질문들을 스스로에게 해보자.

'1년 후에 나는 어떻게 살고 있을 것인가?'

'5년 후에는 지금보다 얼마나 여유롭게 살고 있을 것인가? 그런 삶을 위해 어느 정도의 수입을 벌어들일 것인가?'

'10년 후에는 '10년 전의 나' 를 돌아보며 '그때 그렇게 살기를 잘했다.' 라고 스스로 뿌듯해할 수 있을 것인가?'

'20년 후에는 안정적이고 보람 있는 노후를 보내며 자손들로부터 존경 받는 어른으로 살고 있을 것인가?'

미국에서 네트워크 사업으로 성공한 덱스터 예거는 뉴욕에서 가장 가난한 동네 ROME에서 태어나 중학교 중퇴의 학력으로 취업이 어려워 결국 멋진 신사복을 입고 출근하는 직장을 포기하고 맥주를 주점에 실어 나르는 트럭 운전수가 되었다. 그러나 그는 가슴속에 그 누구에게도 보여 주지 않은 큰 꿈을 간직하고 많은 성공자들의 강의를 반복적으로 학습하고 배워 습관화시킴으로 네트워크 사업에서 최고의 성공자로 거듭나게 되었다. 그는 또한 성공의 가장 중요한 밑바닥에는 돈이나 학력이나 사회적인 성공이 아니라 바로 각자의 마음속에 꿈의 크기와 그 꿈을 현실화 하고자하는 야망들이 성공의 원동력이라는 것을 일찍이 깨달았다. 사업을 같이 하는 사업 파트너들에게 정장을 입고 캐딜락 매장으로 집결하게 하고 신차를 시승하게도 하고, 새 차의 냄새를 코르크병에 담아 코로 맡으며 자기의 꿈을 지속적으로 간직하게 했고, 수영장이 딸린 저택 앞에서 사진을 찍어 가장 잘 보이는 자기 차 대쉬보드나 집 냉장고 앞에 붙여 놓고 반복적으로 자기의 꿈을 각인시켰다. 지금은 연봉 1,000억 불 이상의 커다란 성공자로 변하였다. 그는 말하길 "If you have big dreams, facts don' t count. (만약 당신의 꿈이 충분히 크다면, 당신의 상황은 문제가 되지 않는다.)" 라고 했다.

〈목표 달성을 위해 반드시 잊지 말아야 할 핵심 포인트〉

- 긍정적인 사고방식
- 자기 자신에 대한 자신감과 자부심
- 성실한 생활습관
- 포기하지 않겠다는 인내와 끈기
- 실패와 방해를 통해 배우고 발전한다는 생각
- 지나치게 허황되지 않지만 지금의 상황보다는 좀 더 높은 수준의 목표
- 사람을 통해 배운다는 사고방식
- 다른 사람의 성공사례를 보고 배운다는 자세

이거 알아요!

성공하려면, 바로 오늘을 투자해야 한다

일에는 우선순위라는 게 있다. 좀더 천천히 해결해도 되는 일이 있는가 하면, 재빨리 처리해야 할 일이 있다. 변화의 와중에서 우선 순위를 정하는 일은 긴급하고 중요한 일에 속한다. 즉 현실을 돌아보고 그 중에 핵심적인 부분을 판단해 행동으로 이어가려는 긴급성과 중요성이 모두 강조되며, 이처럼 타이밍을 잘 맞추면 미래를 자신의 것으로 만들 가능성이 높아진다.

다만 너무 먼 미래를 생각해 고민하기보다는 멀지 않은 시기인 한 달과 한 주, 마지막으로 오늘 이 순간을 준비할 필요가 있다. 즉, 나는 앞으로 무엇이 되고자 하는가? 가까운 미래와 먼 미래에서 내가 얻고자 하는 것은 무엇인가? 이 모든 질문들을 던진 뒤 쓸데없는 주변을 정리하고 오늘을 투자해야 한다.

5

목표는 단기 · 중기 · 장기로 설정한다

네트워크 마케팅을 성공으로 이끄는 목표 설정 요령

'저 사람은 조만간 성공할 거야' 라는 평가를 듣는 사람이 주변에 있는가? 있다면 자세히 살펴보기를 바란다. 아마 그들은 지난 일보다는 미래에 주목하는 사람들일 것이다.

성공한 사람들은 과거보다 현재를 중시하고, 현재보다 미래에 초점을 맞춘다. 현실성 있는 미래 비전과 그 비전을 위해 확고한 계획을 세우고, 그 계획을 실천하기 위해 최선을 다한다. 즉 다음의 3가지 목표 설정 원칙을 따라야 한다.

1. 목표는 실현 가능한 것으로
2. 계획은 목표 달성을 위해 구체적으로
3. 태도는 긍정적, 적극적, 열정적으로

이 3가지를 잊지 않는다면 꿈을 실현시킬 수 있는 동력을 이미 가동시킨 것이나 다름없다. 이와 같은 동력을 돌리기 시작했다면 이제는 구체적으로 목표를 설정하고 그것을 위해 어떻게 실천해야 할지 요령을 알아야 할 것이다. 반드시 다음의 5가지 사항들을 기억해야 한다.

1. 목표를 구체적으로 현실적으로 설정하고 반드시 글로 적어둘 것
2. 목표를 달성할 기간과 기한을 정해둘 것
3. 목표와 목표달성 기한을 적은 것을 잘 보이는 곳에 붙여두고 자주 읽을 것
4. 목표는 상황과 기간에 따라 늘 새롭게 수정하거나 보완, 추가할 것
5. 기간별로 단기 · 중기 · 장기 목표를 분류할 것

단기 · 중기 · 장기목표 설정은 이렇게

그렇다면 단기 · 중기 · 단기목표의 구체적인 기간은 어떻게 정할까?

1. 단기목표 : 당장 무엇을 할 것인가?

☞ 향후 3~6개월 안에 할 일

2. 중기목표 : 가까운 미래에 무엇을 할 것인가?

☞ 향후 1~2년 안에 할 일

3. 장기목표 : 장차 무엇을 할 것인가?

☞ 향후 2~5년 안에 할 일

아무리 원대하고 그럴 듯한 목표들도 위와 같이 분기별로 분류해서 단기 · 중기 · 장기목표를 구체적으로 설정하지 않은 채 막연히 시작한다면 실패할 확률이 높다. 처음에는 의욕적으로 시작했다가도 무엇을 위해 이 일을 하고 있는지 망각함으로써 흐지부지될 수 있다.

이를 방지하기 위해서는 단기목표가 중기목표를 위해 나아가고, 중기목표가 장기목표를 향해 나아갈 수 있도록 방향성과 목적성을 뚜렷이 해두어야 한다. 좀 더 구체적인 목표 수립 요령을 위해서는 다음의 다섯 단계를 염두에 두면 큰 도움이 될 것이다.

1단계 : 왜 하는지 알기

이 사업을 통해 내가 원하는 것은 무엇인지, 왜 이 사업을 해야 하는지, 이 사업을 통해 얻고자 하는 것이 구체적으로 무엇인지를 스스로 알아야 목표를 향해 움직일 수 있다. '왜?' 에 대한 대답을 스스로 할 수 없다면 좀 더 생각해보고 결정해야 한다.

2단계 : 큰 그림 그리기

최종적인 목표를 달성하기 위해서는 우선 큰 그림, 혹은 마스터플랜을 짜야 한다. 자신에 처한 상황, 가지고 있는 조건, 낼 수 있는 시간 등 각자의 여건에 맞게 목표 달성 기한을 정하되 너무 무리하게 욕심껏 정하지 않도록 한다.

3단계 : 중 · 장기 목표 설정하기

언제까지 얼마나 무엇을 달성한 것인지 계획을 짜되 자신의 상황에 맞게 2개월~1년 정도로 비교적 가까운 시일 내에 할 일들과 계획들을 설정한다. 또한 이 기간 동안 목표를 달성했을 때 나에게는 어떠한 보상이 얼마나 주어질지도 염두에 두어야 한다.

4단계 : 단기목표 설정하기

앞으로 2~3개월간 무엇을 할 것인지를 매우 구체적으로 적어본다. 월별로 첫째 달의 할 일, 두 번째 달의 할 일, 세 번째 달까지 할 일을 정하고, 개인의 목표, 그룹 전체의 목표를 나눈다. 여기에는 컨택, 초대, 사업설명계획 등의 항목들이 들어간다. 대개 3개월을 단위로 단기목표를 설정하면 자신이 무엇을 해야 하는지가 좀 더 뚜렷해진다.

5단계 : 일주일, 매일의 목표 설정하기

월별 목표가 세워졌다면 이제는 그것을 주별로 쪼개고, 1주일마다 목표를 재정비하도록 한다. 또한 1주일을 다시 매일로 쪼개어 오늘의 할 일을 날마다 리스트업하고 체크한다.

이거 알아요!

모든 성공에는 성공 바이블이 존재한다

네트워크 마케팅으로 성공자가 된 사람들은 하나같이 한 가지 문제를 지적한다. 모든 일에는 연습과 분석이 필요하듯이, 네트워크 마케팅도 정확히 알고 배운 뒤 시작해야 한다는 것이다. 그럼에도 많은 이들이 제대로 된 안내서 한 번 들여다보지 않고 급하게 사업에 달려들고 있다는 점은 실로 안타깝다. 물론 이 사업은 무경험자도 성별과 나이에 관계없이 얼마든지 도전이 가능하다. 하지만 진입장벽이 낮다고 '쉽게 성공할 수 있는 사업' 이라고 여긴다면, 단언컨대 그렇지 않다는 점을 알아야 한다.

그렇다면 네트워크 마케팅의 바이블은 무엇일까? 이 사업은 일반 자영업처럼 혈혈단신 홀로 일궈가는 사업이 아니라는 점을 아는 것이다.

이 사업은 한 사람이 부자가 되면, 그와 함께 사업을 하는 이들도 함께 부자가 되는 경우가 많은데, 이는 네트워크 비스니즈가 다양한 인적 관계망을 통해 발전하고 확대되는 속성을 가지고 있기 때문이다. 때문에 네트워크 비즈니스는 제대로 된 개요를 익혀 타인까지도 성공할 수 있도록 만들 수 있는 경험적 양분을 스스로 체득해야만 성공에 더 가까워진다.

실로 네트워크 마케팅의 역사 100년 동안 성공한 수많은 이들은 네트워크 마케팅이야말로 정보와 지식, 자기관리의 싸움이라고 말한다. 아무리 큰 의욕을 가졌더라도, 네트워크 마케팅의 새로운 세계에 발들이려면, 반드시 이와 관련된 폭넓은 지식과 정보를 익혀두고, 이를 타인에게 전달하려는 열의가 있어야 한다. 그런 면에서 네트워크 마케팅은 결국 많이 알고, 많이 이해하고, 더 많은 사람을 진심으로 만다면 반드시 성공하는 속성을 가진다.

따라서 네트워크 마케팅에 도전하겠다는 마음을 먹었다면 '이 사업은 지식으로 무장하고 진심으로 사람을 만나는 사업' 이라는것을 먼저 숙지하기를 권한다.

6

불가능을 가능케 하는 힘은 결의에 있다

결의는 발전을 위한 화룡정점

누구나 꿈을 꾸고 비전을 세울 수 있다. 그러나 정말 미래를 바꾸려면 이것만으로는 부족하다. 사람들이 연초에 운동 계획을 세웠다가 1주일도 가기 전에 운동을 게을리 하기 시작하고, 금연을 계획했다가 사흘도 채 가기 전에 실패하는 것도 '작심삼일' 의 심리 때문이다. 그리고 이 작심삼일, 의지가 미약해지는 것은 자신을 변화시키겠다는 강력한 '결의' 를 충분히 하지 않았기 때문이다.

결의는 사람을 변화시키는 강력한 힘이다. 아무리 좋은 계획도 결의가 없다면 그 사람은 절대로 변화할 수 없고 앞으로 나아갈 수 없다. 변화에 대한 결의를 하지 않는 것은 목적 없이 앞으로 가는 것과 같고, 목적지도 없이 자동차를 운전하는 것과도 같다. 결의란 1루에서 2루로 가고 싶다면 먼저 1루에서 뛰어야 한다. 만약 1루에 계속 머물고 있다면 2루로 갈 기회는 영원히 없는 것이다. 즉, 막연한 바램, 욕심, '그냥 한 번 해볼까?' 하는 일시적인 충동과는 다른 것이다. 그것은 새로운 길을 선택했을 때 뒤따라올 수 있는 역경, 방해물, 장애물을 예상하고 기꺼이 그것을 감수하겠다는 의지를 뜻한다. 그 과정에서 포기하고픈 마음이나 좌절, 패배감을 겪을 수도 있지만 그것조차 미리 염두에 두고 있겠다는 의미이기도 하다.

'그럼에도 불구하고' 하겠다는 의지

그렇기 때문에 '결의' 를 하지 않은 채 뭔가 새로운 일을 시작한 사람은 작은 방해물이나 시련에도 포기하고 주저앉을 가능성이 높다. 결의 없는 계획은 '달면 삼키고 쓰면 뱉겠다.' 는 단순한 사고와 마찬가지이다. 그렇다면 진정한 '결의' 는 어떤 속성을 포함하고 있을까?

첫째, 결의란 스스로를 제어할 수 있다는 뜻이다. 게으름을 피우고 싶을 때 게을러지고, 하기 싫을 때 주저앉는 것이 아니라, 참고 인내하고 견딜 각오를 한다는 뜻이다.

둘째, 결의는 부정적인 상황도 염두에 둔다는 뜻이다. 새로운 일을 하다 보면 미처 생각하지 못했던 역경, 예상치 못한 장애, 주변의 방해가 따를 수 있다. 그러한 어려움들을 뛰어넘을 수 있게 하는 힘도 결의에서 나온다.

셋째, 결의는 의심과 두려움을 극복하겠다는 뜻이다. 최종 목표가 달성되기 전까지는 '과연 이것이 가능한가?' 에 대한 의심, 불신, 두려움이 앞설 수 있다. 그러나 결의를 통해 이러한 두려움을 오히려 나를 발전시키기 위한 도구로 바꿀 수 있다.

넷째, 결의는 목표를 달성하는 데 시간과 노력이 든다는 것을 인정한다는 뜻이다. 단숨에 원하는 것을 이룰 수 있다면 불행할 사람은 아무도 없을 것이다. 비전이란 그것을 달성하는 데 노력과 시간과 과정이 소요되기 때문에 더 가치 있다. 뭔가에 대해 강하게 결의한다는 것은 바로 그 시간과 과정 자체에 가치를 둔다는 뜻이다.

다섯째, 결의는 시간이 갈수록 강화되는 속성이 있다. 강한 결의를 한 사람의 행동과 의지력은 시간이 갈수록 약해지는 것이 아니라 오히려 강해진다. 역경이나 시련은 그를 무너뜨리는 것이 아니라 오히려 단단하게 만드는 기반이 되어준다. 그래서 결의는 때로 불가능해보였던 것들도 가능하게 만드는 힘이 된다.

스스로를 변화시키는 '결의' 의 힘

그동안 패턴화되었던 생각과 행동, 구태의연한 사고방식, 몸에 배었던 삶의 태도와 생활의 반경, 인간관계의 반경에서 벗어나 새로운 변화를 적극적으로 추구하고 받아들일 때 비로소 더 나은 삶을 향한 발전이 시작된다.

그러나 변화에는 대가가 따른다. 사람은 누구나 변화를 두려워하는 습성을 가지고 있다. 뭔가를 바꾸기보다는 기존의 것을 고수함으로써 안정을 추구한다. 그래서 결의 없는 목표설정은 습성에 의해 쉽게 무너질 수 있다.

이때 결의는 기존의 삶의 방식이나 생각의 방식을 전혀 새로운 방향으로 전환시키기 위해 새로운 길을 뚫는 것과도 같다. 도로를 새로 만들려면 노동과 노력과 시간이 필요한 것처럼, 결의한다는 것은 인위적인 노동, 노력, 시간을 들인다는 것과 같다. 길을 새로 만들려면 예상 못한 장애물을 치우거나 우회해야 하는 경우도 있다. 결의란 이 장애물을 치우거나 뛰어넘을 각오를 한다는 것을 포함한다.

삶을 변화시키고 개인을 '업그레이드' 한다는 것은 시련, 유혹, 장애물, 역경을 적극적으로 받아들이는 태도와 같다. 그래서 계속 발전하는 사람은 역경을 오히려 즐기고 시련을 자기 것으로 활용한다.

새로운 도로를 만들기까지는 땀 흘리는 시간이 소요되지만, 이를 극복하고 마침내 새 길을 여는 순간, 그 성취감과 보람은 이루 말할 수 없는 것이다.

좀 더 나은 미래를 소망하는가? 그렇다면 목표를 세우고 굳은 결의를 할 때이다. 아무리 과정이 어렵고 생각지 못한 일들이 닥친다 할지라도 그 모든 시간들이 자산과 힘이 되어줄 것이다. 강력한 결의가 그 모든 것을 가능하게 만들어줄 것이다.

이거 알아요!

불법 피라미드 회사 구별하기

모든 사업은 시간과의 싸움이다. 작은 가게 하나를 열어도 넉넉한 시간을 두고 기초를 다져가야 한다. 이는 네트워크 마케팅에서도 어김없이 해당되는 이야기이다. 한국 사람은 조급하기로 유명하다. 공부도 '속성 과외' 가 유행하고, 사업도 '속성 사업' 을 원한다. 하지만 모든 사업에는 기반이 필요하다. 특히 네트워크 마케팅은 평생에 걸쳐 안정적인 수익원을 만들 수 있는 평생 사업, 이른바 1인 기업이다. 작은 구멍가게를 안착시키는 데도 몇 년씩 걸리는데 평생 지속할 수 있는 기업을 만드는 데 1년 혹은 2년 만에 큰 수익을 바랄 수 있겠는가?

이런 면에서 불법 피라미드와 진정한 네트워크 마케팅을 구분하는 기준은 간단하다. 지금 당장 큰돈을 벌 수 있다고 광고하는 회사가 있다면 그 회사를 의심해야 한다. 반면 확고하고 공정한 시스템에 입각해 노력한 만큼 성공할 수 있다고 말하며, 실제로 그런 성공자들이 함께한 회사라면 분명히 믿을 만할 것이다.

2장

나의 정체를 알자

자기진단

1

내가 무엇을 해도 지속하지 못했던 이유는?

나쁜 습관을 버리기 힘든 이유는

누구나 살면서 습관이란 게 생겨난다. 이상하게도 안 좋은 습관, 나쁜 습관, 버리고 싶은 습관은 떼어내기 힘든 반면, 좋은 습관, 갖고 싶은 습관, 익숙해지고 싶은 습관은 아무리 노력해도 내 것이 되기 어렵다. 예를 들어 늦잠 자는 습관은 쉽게 고쳐지지 않고, 일찍 일어나는 습관은 지켜지기가 쉽지 않다.

왜 나쁜 습관은 끊어내기 어렵고, 좋은 습관은 지키기 어려울까? 이것을 이해하려면 우리의 두뇌를 이해해야 한다.

사람의 뇌는 우리 의지와 상관없이 실질적으로 행해지는 행동과 말을 중요시하는 경향이 있다. 한 예로, 아무리 일찍 일어나겠다고 결심을 해도 늦잠 자는 습관이 오래된 사람은 '일찍 일어나는 습관' 이 아닌 '늦게 일어나는 습관' 을 더 중요시 여기고 그 패턴을 고착화시켜 명령을 내린다. 한 사람의 말, 그가 오늘 하는 행동이 곧 그 사람을 설명한다고 해도 과언이 아닌 것이다.

'나는 안 될 거야' 라는 잘못된 믿음

만약 '늦잠 자는 행동' 을 20년 동안 반복해왔다고 치자. 그것은 늦잠 자는 행위가 이미 그 사람의 뇌에 저장되었다는 의미다. 뇌는 어떤 습관에 대해 좋다 나쁘다 가치판단을 내리지 않는다. 그저 그 습관이 반복되고 있기 때문에 중요한 것으로 저장해놓을 뿐인데, 이처럼 뇌에 저장되어 겉으로 드러나는 것이 바로 습관이다.

그런데 이런 습관이 한 사람의 말과 행동 절반 가까이의 비율을 차지한다면 어떨까? 실로 '습관이 인생을 만든다.' 는 말도, 이 같은 두뇌의 속성 때문에 생겨난 것이다.

반대로, 의지를 통해 나쁜 습관을 바꾸는 것 자체가 인생을 변화시키는 결정적인 계기가 되는 것도 이 때문이다. 생각을 바꾸는 것을 넘어 행동을 바꿔 실천에 옮기고, 불편을 감수하고 행동을 하는 것이야말로 인생을 바꾸는 첫 도약이나 마찬가지인 셈이다.

물론 익숙지 않은 새로운 도전을 하고, 안 해봤던 뭔가를 하는 일은 쉽지 않다. 우리의 두뇌 습관이 '그걸 하면 위험할 수 있다.' 고 우리를 가로막기 때문이다. 하지만 다행히 습관의 변화를 가능케 하는 의지, 자신에 대한 굳건한 믿음은 오직 인간만이 가진 미덕인 만큼 이를 통해 얼마든지 새로운 변화를 도모해볼 수 있다.

'할 수 없다' 는 착각을 무시하기

익숙하지 않았던 것을 시도하고 이를

지속할 수 있는 힘의 밑바탕에는 '이 새로운 습관을 이어나감으로써 내 삶이 바뀔 것이다.' 라는 신념이 깔려 있다. 물론 그런 순간에조차 '나는 안 될 거야.', '굳이 이것을 시작할 필요가 뭐가 있어?', '그냥 하던 대로 하자.', ' 막상 시작하려니 귀찮고 두렵다.' 라는 생각들이 튀어나오기도 한다.

하지만 이는 두뇌에 입력된 잘못된 믿음에 의한 일시적인 명령일 뿐이다. 앞서 설명한 것처럼 뇌는 무엇이 좋고 나쁜지 가치판단을 내려 명령을 내리는 것이 아니다. 그저 우리 몸에 익숙해져 있던 대로 명령한다. 많은 이들이 어떤 일들에 실패하는 이유 중에 적지 않은 수가 정말 못해서가 아니라 못할 것이라고 '착각' 해서 발생하는 셈이다.

따라서 삶을 변화시키려면 새로 시도하는 모든 것을 내 것으로 만들고 습관화할 수 있도록 '두뇌의 착각' 에서 비롯된 잘못된 명령에서 자유로워질 필요가 있다. 얼마든지 할 수 있다는 믿음, 안 해본 일이지만 할 수 있는 잠재력이 얼마든지 내 안에 있다는 강한 신념이야말로 자유로운 삶의 시작이다.

2

사람은 두 가지 자아를 갖고 있다

발전하려는 자아 vs 발전을 거부하는 자아

많은 작품들이 두 가지 선택을 앞에 두고 갈등하는 주인공을 등장시킬 때면, 그 갈등 과정을 '천사' 와 '악마' 의 속삭임에 빗대곤 한다. 주인공의 한쪽 귓가에서는 천사가 속삭이고, 다른 한쪽 귓가에서는 악마가 속삭인다.

대개 천사가 속삭이는 말은 선한 것, 옳은 것, 발전적인 것, 그러나 결심하기 어려운 것들인 반면 악마가 속삭이는 것은 악한 것, 옳지 않은 것, 발전을 방해하는 것, 그러나 몹시 유혹적인 것인 경우가 많다.

이처럼 인간은 항상 선택의 기로에 놓이고, 매번 천사의 속삭임과 악마의 유혹 사이에서 망설이게 된다. 천사와 악마의 속삭임으로 비유했을 뿐, 이 두 가지는 모두 인간의 자아이자 자기 자신의 내면의 목소리라고 할 수 있다.

변화를 추구하거나 새로운 일을 시도할 때도 마찬가지이다. 발전하려는 자아, 의지력이 강한 자아가 있는 반면, 발전을 거부하고 제자리에 머무르려는 자아, 의지력이 약한 자아가 공존한다. 내면에서 이 두 가지 자아가 서로 다투고 갈등한다.

이때 긍정적인 에너지가 더 우세하다면, 발전하려는 자아가 더 큰 목소리를 내고, 반대로 부정적 에너지가 우세할 때는 발전을 거부하려는 자아가 더 큰 목소리를 낸다. 이런 면에서 삶을 좋은 쪽으로 변화시킨다는 것은 결국 자신의 에너지를 긍정적으로 만들어 발전을 원하는 내면의 목소리에 더 귀를 기울이는 일과 마찬가지일 것이다.

시도와 포기의 패턴 바로 알기

하지만 발전을 원하는 자아의 목소리에 귀 기울인다고 끝이 아니다. 또 다른 장애물 하나를 더 넘어야 한다. 바로 중도에 포기하고 마는 습관과의 갈등이다. 새로운 일을 하려면 '시도' 를 해야 하고, 그 시도를 일정 시간 동안 '지속' 시켜야 한다. 그런데 여기에 끼어드는 것이 '포기' 와 '중단' 이다. 포기와 중단은 기존의 습관으로 되돌아가겠다는 명령인 만큼 더더욱 항복하기 쉽다.

예를 들어 운동을 하기 위해 헬스클럽에 등록하는 '시도' 를 했다고 치자. 이제 필요한 것은 매일 헬스장에 나가는 것을 '지속' 하는 일이다. 하지만 운동과 담을 쌓았던 기존대로 돌아가고자 하는 두뇌의 습관으로 인해 오늘 하루 운동을 '포기' 하게 되고, 그렇게 한두 번의 포기가 '중단' 으로 연결되게 된다.

안 해봤던 일이나 새로운 사업을 시작할 때도 비슷하다. 인생을 변화시키기 위해 도전한 새로운 '시도' 를 위해 계획을 세우고 '지속' 시켜야 한다. 이때 '발전을 원하는 자아' 의 목소리에 귀 기울이고 긍정적인 에너지를 계속 만들어내지 않으면, '포기' 의 마음이 생기고 애써 세웠던 계획을 하나둘씩 어기면서 이것이 '중단' 으로 이어지게 된다.

이때는 이미 '발전을 거부하는 자아' 의 목소리가 득세하게 되는데, 그 목소리에 귀를 기울이기 시작하면 삶에는 어떠한 변화와 발전도 도래하지 않을 것이다.

이거 알아요!

5년 후, 10년 후를 그려보자

마음을 가다듬고 다음의 두 질문을 던져보자.

'그 동안 내가 살아온 삶은 어떠했는가?'
'앞으로 남은 생애 동안 이루어갈 꿈이 있는가?'

이 질문에 곧바로 대답할 수 있다면, 여러분의 삶은 충분히 가치 있는 삶이었을 것이다. 그러나 현실은 이 만큼도 쉽지 않다. 누구나 살면서 앞선 두 질문을 던져보았겠지만, 여기에 명확히 답할 수 있는 사람은 많지 않다. 특히 미래에 대한 질문은 더 그렇다. 다소 늦게나마 자신의 창의력을 발휘할 수 있는 길을 찾는다면 더할 나위 없이 좋겠지만, 나날이 불황으로 접어드는 경쟁적인 현대사회에서 개개인이 성공할 수 있는 기회는 갈수록 줄어들고 있다.
중요한 것은 여러분 자신이다. 성공하려면 어떤 희생과 대가를 치르더라도 반드시 성공하고야 말겠다는 각오가 필요하다. 나아가 이 사업을 반드시 해야만 하는 분명한 이유도 있어야 한다. 왜 이 사업을 해야 하는지, 나는 이 사업을 통해 무엇을 이루어야 하는지 그 이유를 스스로 정립하는 것이 바로 꿈을 설정하는 첫 단계이다. 다시 한 번 스스로에게 질문을 던져보자.

'5년 후, 아니 10년 후, 나는 어떤 모습으로 살아가고 있을까?'

변화하고 싶다는 목소리에 귀 기울여라

삶의 발전, 더 나은 미래는 곧 '도전' 하고 '지속' 하는 일에 달려 있다. 이 패턴을 기억하고 몸에 익힐 수만 있다면 누구나 성공한다. 그럼에도 이것이 어려운 이유는 그것을 해야만 할 필요성을 강하게 느끼고 목적을 뚜렷하게 가지는 일이 쉽지 않기 때문이다. 한 예로 병을 고쳐 건강을 되찾겠다는 의지와 목적이 뚜렷해야 치료를 계속 받고 치료과정에서의 통증도 감수할 것이다. 반면 병을 고쳐봐야 소용없다는 생각을 가진 사람은 질병이 자신의 몸을 잠식하도록 내버려둔 채 하루하루 죽음을 기다리며 살 것이다.

성공하는 사람은 애초에 '도전' 하고 '지속' 한 사람이다. 또한 성공한 사람은 이 둘 사이의 대립과 갈등을 인식하고 극복한 사람이다. 반면 실패한 사람은 일찌감치 '포기' 하고 '중단' 한 사람이다. 그런 사람은 5년 후, 10년 후에도 지금과 다름없는 삶을 살거나 오히려 퇴보한 삶을 살게 된다.

우리의 내면에서는 '발전을 원한다.' 라는 목소리, '더 잘 살고 싶다.' 는 목소리가 늘 메아리치고 있다. 물론 '그냥 이대로 살겠다.' 라는 목소리도 존재한다. 둘 중 어떤 목소리에 귀를 기울일지는 자신의 선택이다.

3

나는 어떤 유형의 나인가?

때로 내 판단과 생각을 후회하는 이유

사람은 누구나 실패하고 좌절한다. 잘못된 선택을 내리기도 하고, 뒤늦게 '그때 그 선택을 하지 말걸.' 혹은 '그때 그 선택을 했어야 했는데!' 후회하기도 한다. 이때 그 후회는 대부분 자기 자신에게로 향한다. 어떤 실패는 사기를 당하거나, 뭔가를 빼앗기거나, 의도하지도 않았고 예측할 수도 없었던 사고 등 외적 상황 때문인 경우도 있지만, 그보다는 자기 실수나 미숙함, 경험 부족 때문인 경우가 더 많기 때문이다. 이는 어찌보면 자신의 생각이나 판단에 대해 사실은 자신조차도 잘 알지 못했기 때문일지 모른다.

대부분은 나를 가장 잘 아는 사람은 나 자신이라고 생각한다. 정말 그럴까? 나는 내 장점, 잠재력에 대해 얼마나 알고 있고, 단점이나 고쳐야 할 점에 대해 잘 인식하고 있을까? 나라는 사람이 어떤 일을 할 수 있는 사람인지, 과연 나 스스로는 제대로 알고 있을까?

나는 어떤 유형의 사람일까?

누구나 한번쯤은 '심리테스트' 를 해봤을 것이다. 또는 '혈액형별 성격 유형' 에 공감하며 "맞아, 나는 A형이라 이러이러한 성격이야!" 무릎을 치기도 했을 것이다. 이처럼 사람은 자신이 어떤 사람인지 알고 싶어 하고, 어떤 범주에 속하는지 궁금해 한다. 내 성격적 장단점을 좀 더 확실하게 이해하고 싶은 것이다.

심리학에서는 개인의 성격적 특성이나 심리적 장애를 파악하기 위해 수많은 심리검사 및 자기인식 도구들을 계발했다. 학창시절의 지능검사도 그 중 하나이며, 이외에도 성격적 진단을 하기 위한 다양한 도구들이 존재한다.

기회가 된다면 전문기관을 통해 검사해볼 수도 있겠지만, 중요한 것은 한두 번의 테스트 결과만으로 자신을 완벽하게 파악했다고 생각해서는 안 된다는 점이다. 내가 어떤 유형인지 파악하는 일보다 더 중요한 것은 '나 자신에게 관심 갖기' 이다. 내가 어떤 사람인지 관심을 기울여야 자기 장점이나 잠재력을 발견하고 세상을 보는 눈과 삶이 달라지는 것이다.

그렇다면 자기 자신을 제대로 이해하는 사람이 되려면 어떠한 사고방식을 지녀야 할까? 다음의 테스트를 통해 자신의 자기인식 정도를 파악해보자.

TIP

"나는 어떤 사람인가?"에 대한 자기인식 지수

1. 나 자신이 어떤 사람인지 알고 싶어 하며, 자신을 잘 아는 것이 인생에서 매우 중요하다고 생각한다. (예, 아니오)
2. 다른 사람들이 나를 어떤 사람으로 생각하는지 궁금하다. (예, 아니오)
3. 자기인식 해석법(다양한 전문 심리검사나 심리테스트 등)에 대해 알고 있으며, 해본 적이 있다. (예, 아니오)
4. 자신의 장점, 단점이 무엇인지 각각 구체적으로 나열할 수 있다. (예, 아니오)
5. 나 자신에 대해 제대로 아는 것이 쉽지 않으며, 내가 나를 잘 모를 수도 있다고 생각한다. (예, 아니오)
6. 내가 생각하는 나와 다른 사람들이 생각하는 내가 다를 수도 있다고 생각한다. (예, 아니오)
7. 내가 잘할 거라고 확신한 일이 잘될 수도 있지만 잘 안 될 수도 있음을 알고 있다. (예, 아니오)
8. 내가 못할 거라고 생각한 일이라도 막상 해보면 잘 할 수 있을지도 모른다. (예, 아니오)
9. 다른 사람들과 갈등이나 싸움이 있을 때 나에게도 잘못이나 실수가 있을 수 있음을 염두에 둔다. (예, 아니오)
10. 심리나 성격에 관한 책에 관심이 있으며 자주 읽으려고 한다. (예, 아니오)

('예' 라고 대답한 항목의 수)

7개 이상 : 내가 어떤 사람인지에 대해 탐색하는 데 적극적이며 새로운 정보나 변화를 능동적으로 받아들임.

5~7개 : 자기 자신을 잘 알고 있다고 생각하지만 아직은 확실하지 않으며 때때로 자신의 판단력이 옳은지 확신하지 못하기도 함.

4개 이하 : 자신을 잘 알고 있다고 생각하지만 사실은 자신의 장・단점에 대해 잘 모르고 있는 부분이 많음.

4

나를 변화시키는 쉬운 방법은?

사람은 누구나 똑같이 태어났다

흔히들 성공한 사람들은 타고난 재능과 능력이 있다고 생각한다. 타고난 천재성, 타고난 두뇌, 타고난 사업수완, 타고난 리더십, 타고난 언변이 있으니 얼마나 좋을까 부러워하면서 '나는 저런 능력은 평생 흉내도 못 낼 거야.' 생각한다.

그러나 정작 그들의 삶을 들여다보면 천재성이나 타고난 능력은 그저 이들이 가진 여러 특성 중의 하나에 불과하다는 것을 발견하게 된다.

신기록을 내는 스포츠 선수는 남들보다 수백 배, 수천 배 더 연습하고 훈련한 사람이다. 위대한 작품을 쓴 작가나 예술가들은 남들이 노는 시간에 피나는 노력을 기울여 습작의 시간을 보낸 사람들이다. 남보다 많은 매출을 올리는 사업가들은 남들이 게으름을 피우는 시간에 홀로 시장을 연구하고 매출을 올릴 자기만의 방법을 찾고 또 찾은 사람들이다.

많은 이들이 세상은 불공평하며 이 사회가 '가진 자' 혹은 '타고난 사람' 에게만 관대하다고 불평한다. 하지만 아무리 불공평해 보이는 세상에도 동서고금을 관통하는 삶의 원리는 하나다. 누구나 처음에는 '무력하고 연약한 아기' 였다는 것, 그리고 삶의 성공과 실패의 원인은 '타고난 그 무엇' 보다는 성실성과 의지, 그리고 '열심히 해나가는 과정' 자체에 있다는 것이다.

성실과 열정만이 나를 변화시킨다

"성공은 독수리가 병아리를 낚아채듯이 쉽게 얻을 수 있는 것이 아니다. 성공은 성실히 공부하고 치열하게 노력해야 얻을 수 있다."라는 말이 있다. 당장은 내 인생이 성공하지 못한 것처럼 보일지라도, 최종적으로 성공하는 사람은 자만하지 않고 앞을 향해 나아가는 것을 멈추지 않은 사람이다.

세계적인 베스트셀러〈정의란 무엇인가〉의 저자 마이클 샌델 교수는 "아무리 기름진 땅이라도 씨를 심어 가꾸지 않으면 열매를 기대할 수 없다. 아무리 똑똑한 사람이라 하더라도 성실하지 못하면 일자무식인 사람보다 우둔한 인간이 될 수 있다."라고 말한 바 있다.

이처럼 자기 분야에서 성공한 사람들은 '머리가 좋아서' 혹은 '능력을 타고나서' 자만한 사람들이 아니라, 성실성과 노력, 의지, 열정을 끝까지 잃어버리지 않은 사람들이다. 인간의 위대함은 바로 이런 속성에서 빛을 발한다. 성실함과 열정이야말로 인생의 변화를 도모하는 가장 위대한 무기임을 잊지 말자. 새로운 것들을 배우려 하고, 인생의 궁극적인 목표를 향해 나아가는 것을 멈추지 않는 사람은 이미 손 안에 성공의 열쇠를 쥔 것과 다름없다. 또한 오늘 바로 당신이 그런 사람이 될 수 있음을 마음속으로 깊이 믿자.

내 인생의 시스템 가이드로 꿈을 되찾자

승자들의 특징은 강한 욕망과 성취하려는 추진력에 있다. 이들은 과거나 현재가 아닌 미래를 보고 살아간다. 지금의 현실이 내 맘에 들지 않는다고 지나칠 정도로 현재에 초점을 맞추면 미래는 사라져버린다. 그러므로 우리가 해야 할 첫 번째 단계는 미래에 대한 커다란 꿈을 명확하게 가지는 것이다. 다음의 시스템 가이드를 살펴서 그 답을 신중하게 써내려가보자.

◆ 시스템 가이드

- 나이, 경제적, 가족 관계 안에서 현재 내 위치가 어디인지를 살펴보자.
- 미래를 설계하려면 현재 자신의 위치를 분명히 알아두어야 한다.
- 현재와 미래를 모르고 나머지 인생을 설계한다면 또 다른 시행착오를 낳게 마련이다.

① 앞으로 나의 인생은 얼마나 남았는가?

10년 (　　) 15년 (　　) 20년 (　　) 25년 (　　)

30년 (　　) 35년 (　　) 40년 (　　) 45년 (　　)

② 사회적 평균에서 나의 자산은 어느 정도인가?

상 (　　)　중 (　　)　하 (　　)

③ 나의 현재 자산은 얼마인가?

(1) 나의 집은? ______________________

(2) 나의 자동차는? ______________________

(3) 현재 직장에서 나의 위치는? ______________________

(4) 나의 한 달 수입은? ______________________

(5) 나의 한 달 지출은? ______________________

(6) 나의 자녀 수는? ______________________

(7) 내 건강 상태는? ______________________

(8) 나는 취미생활을 하고 있는가? ______________________

(9) 나는 사회활동을 하고 있는가? ______________________

(10) 현재 나의 친구들은 있는가? ______________________

(11) 나의 노후보장 계획은? ______________________

(12) 나의 부채는? ______________________

(13) 재정적 자유를 위해 투자하고 있는가? ______________________

(14) 시간적 자유를 위해 투자하고 있는가? ______________________

④ 평소에 간절하게 꿈꾸어왔던 세 가지는?

(1) ______________________

(2) ______________________

(3) ______________________

⑤ 인생을 새로 시작한다면 어떤 모습이고 싶은가?

⑥ 남은 인생에 꼭 해보고 싶은 일 세 가지는?

(1)

(2)

(3)

⑦ 소중한 사람들과 함께 해보고 싶은 일은?

⑧ 당신에게 매달 추가 수입이 생겼을 때 해보고 싶은 일은?

10만원

30만원

50만원

100만원

300만원

500만원

1,000만원

기타

5

도전하라, 실패하더라도 두려워마라

실패보다 포기를 두려워하라

누구나 인생길에서 한두 번 넘어질 수 있다. 그러나 정말 실패한 사람은 넘어진 사람이 아니라 넘어진 채 일어나지 않는 사람이다.

반면 성공한 사람은 넘어지지 않은 사람이 아니라, 넘어졌음에도 바닥을 짚고 몸을 일으킨 사람이다. 이렇게 넘어졌다가도 무릎에 힘을 주고 일어서본 사람은 자신도 모르게 영혼의 근육에 회복력과 적응력을 얻게 된다.

그러므로 두려워해야 할 것은 실패가 아니다. 실패한 다음 다시 일어서지 않을 것을 두려워해야 한다. 이것은 성공에 대한 절대불변의 법칙과 같다. 두려움 때문에 시도하지 않은 채 제자리에 있는 것보다는, 시행착오를 감수하며 다시 시도하고 도전하는 것이 성공의 초입에 들어서는 길이다.

〈두려워하지 않는 의지력을 키우기 위한 방법〉

1. 자신을 격려하라

스스로를 격려하고 칭찬하며 북돋워줄 줄 모르는 사람은 실수하고 실패할 때마다 자신을 깎아내리고 자책하기 바쁘다. 그런 사람은 자신의 잠재력을 보지 못한 채 단점을 되새기는 데에만 소중한 에너지를 쓰게 된다.

2. 마음을 열어라

새로운 변화, 정보에 대해 적극적으로 마음을 열고 받아들인다면 어떠한 방법으로든 해결책을 찾을 수 있다. 소극적으로 마음을 닫고 있는 한 해결책은 저절로 생기지 않는다.

3. 항상 반성하라

항상 스스로를 반성하는 사람은 무엇이 자신의 발목을 잡고 있는지를 발견할 수 있을 것이다. 그러한 제약점을 자기발전을 위한 힘으로 바꿀 수 있다.

4. 자신을 믿어라

성공하는 사람들의 공통점은 '나는 할 수 있다' 는 자신에 대한 믿음을 잃어버리지 않는다는 점이다.

5. 두려움을 두려워하라

실패 자체가 아니라 실패 후에 포기하고 두려워하는 것 자체를 두려워해야 한다. 그리고 그 두려움을 자신감으로 바꾸어야 한다.

6

실패한 바보는 반성하지 않는다

바보는 자기반성을 하지 않는 사람

실패하는 사람에게는 다음과 같은 공통점이 있다.

첫째, 모든 실패의 원인을 외부에서 찾는다.

둘째, 미래가 아닌 과거만을 바라본다.

셋째, 새로운 제안이나 개혁, 변화를 두려워하며 폐쇄적인 태도를 취한다.

넷째, 자신이 알고 있는 것만 믿으려 한다.

다섯째, 자신이 더 나은 새로운 사람이 될 수 있다는 가능성을 생각하지 않는다.

여섯째, 자신의 내면을 돌아보지 않으며 자기반성을 하지 않는다.

위의 여러 특성 중에서도 자기반성의 습관은 매우 중요하다. 스스로를 돌아보고 반성해보지 않은 사람은 자신에게 무엇이 부족한지 인정할 수 없게 된다. 이는 거꾸로 말하면 자신이 더 나아질 수 있다는 무한한 가능성 또한 보지 못한다는 뜻이다.

성공자는 반성을 통해 변화한 사람이다

세상 사람들이 '성공한 사람'이라고 부르는 이들에게는 공통적으로 '변화하려는 의지'와 '반성하는 습관'이 내재되어 있다. 자신에게 무엇이 부족했는지를 찾으려 하고, 동시에 과거의 나보다 더 나아진 내가 되려고 노력한다. 새로운 변화와 제안, 비판에 귀를 기울이며, 늘 새로운 것에 적응할 준비가 되어 있다. 이는 모든 가능성을 열어둔다는 뜻이며, 매일 자기반성을 통해 새롭게 변화하는 것을 두려워하지 않는다는 뜻이기도 하다.

그래서 성공한 사람은 선천적 재능뿐만 아니라 후천적 계발능력이 모두 발달한 사람인 경우가 많다. 사람이 태어날 때 부모를 선택할 수 없고 모국을 선택하여 태어나지 않는 것처럼, 선천적 능력이란 자기 의지로 획득하는 것이 아니다. 때문에 선천적 능력은 가만히 내버려두면 잠재성 차원에서 끝날 수도 있다.

그러나 노력, 의지력, 열정 같은 것들은 모두 후천적 능력에 포함된다. 이러한 것들은 스스로 갈고 닦아야 하는 것이며, 그 과정에서 잠재력을 키우는 원동력이 된다. 즉 자신을 갈고 닦게 만드는 '자기반성'이야말로 변화와 발전의 궁극적인 키워드인 셈이다.

한편, 자기반성이라고 하면 '난 왜 이 모양일까?', '다 내 잘못이야.'처럼 자기비하를 하는 이들이 많은데, 자기반성과 자기비하는 엄연히 다른 것이다. 그것은 자신의 한계를 직시하되 한계를 극복하는 자신 또한 믿는 것을 의미한다. 이러한 진취적인 자기반성이야말로 사람을 성숙하게 만들고 원하는 인생에 다가가도록 만들어준다.

이거 알아요!

착한 사장이 실패하는 7가지 이유

1. 누구에게나 좋은 사람이 되고 싶어 한다.

그러나 누구에게나 좋은 사람이 될 수는 없다. 누구에게나 좋은 사람이란 누구에게나 나쁜 사람일 수 있다. 때때로 냉정하고 단호하게 대처하고 싸워야 한다.단호할 때 단호하지 못하고, 냉정할 때 냉정하지 못하고, 싸워야 할 때 물러선다면 가장 가까운 가족, 친구, 직원들이 그 피해를 본다. 누구에게나 좋은 사람으로 남고 싶다면 사업을 할 것이 아니라 산장 주인이나 해야 한다.

2. 거절하지 못한다.

하지만 거절해도 별일이 안 일어난다. 착한 사람은 자신이 거절하면 상대방이모욕을 느끼거나 실망하리라 믿는다. 그러나 대부분의 정중한 요청들은 거절을 받아들일 준비를 하고 있으며, 욕심이 섞인 부탁들은 들어줘도 비웃거나 심지어 뒤로 돌아서서 욕을 한다. 거절에도 연습이 필요하다. 막상 해보면 별것 아니다. 오히려 적절한 거절은 당신의 가치를 높인다.

3. 쉽게 양보한다.

사업에서 양보는 파산이다.양보는 명분이 있을 때만 해야 한다.

명분 없는 양보가 이어지면 아무나 함부로 대할 것이고 당당히 양보를 요구하는 사람마저 나타난다.

4. 혼내지 못한다.

아랫사람을 혼내고 지시하는 데 망설이면 혼자 모든 일을 해야 하며, 직원이 사장의 당연한 권리마저 지적하고 나선다. 심지어 나는 일하는데 당신은 왜 가만히 있냐고 말하는 직원들도 나타난다.

5. 지나치게 염려한다.

걱정은 상황을 더 악화시킨다. 미리 하는 걱정은 걱정대로 이루어진다. 지나친 염려는 위로도 안심도 되지 않는다. 회사 분위기를 항상 우울하게 만들고 주변 모두가 짜증을 부리거나 신경질적인 사람들로 가득하게 한다.

6. 항상 웃는다.

항상 웃으면 아무도 어려워하는 사람이 없어진다. 사장은 인자함보다 위엄이 필요할 때가 많다. 웃음은 좋으나 역시 과유불급이다. 지나친 웃음은 독이 된다.

7. 도움 청하길 힘들어한다.

세상에 혼자 할 수 있는 일은 극히 드물다. 손이 궁둥이에 닿는 것은 화장실 정도는 혼자 가란 뜻이다. 그 외에 모든 일은 함께하고 같이 해야 한다. 도움을 청하기 힘들어하는 품성은 직원들을 두는 어떤 비즈니스도 불가능하다. 그러니 혼자 일하는 1인 기업이나 해야 한다. 사장은 결정하고 지시하고 확인하는 업무를 일상적으로 진행해야 한다. 그러니 착하기만 한 사람은 사업을 원활히 할 수 없다. 착한 것은 항상 좋은 것이 아니다. 착한 것은 세상이 다 착할 때만 좋은 것이다. 그러나 세상은 한 번도 다 같이 착해 본 적이 없으니 두려움 없이 착함을 조금 버리기 바란다. 그래야 내 가족을 포함한 주변에 있는 사람에게라도 착함을 유지할 여력이 생겨나는 것이다.

출처 : 생각의 비밀 - 김승호

3장

너무 늦어서 못할 일은 없다

구체적인 계획

1

계획이 곧 경쟁력

시간은 누구에게나 똑같이 흐르지 않는다

신이 모든 인간에게 공평하게 부여해준 선물은 무엇일까? 바로 시간이다. 부자건 가난하건, 지위가 높건 낮건, 성공한 사람이건 실패한 사람이건, 오늘 하루 24시간은 모두에게 주어진다.

수명은 사람마다 다르고 예측할 수도 없지만, 오늘 하루를 어떻게 활용할지는 전적으로 자신에게 달려 있다. 누군가는 그 24시간을 금처럼 소중히 쓰고, 누군가는 무의미하게 허비한다. 그렇다면 여러분은 전자인가, 후자인가?

결국 시간은 공평하게 주어지지만 모든 사람에게 똑같은 가치는 아니다. 열심히 아르바이트를 하는 사람에게는 1시간이 1시간의 시급이다. 반면 빈둥거리며 보내는 사람의 1시간은 의미 없는 하루의 한때일 뿐이다.

나이를 먹을수록 시간도 화살처럼 빨리 흐른다. 어린 시절에는 하루가 마냥 길기만 했고, 청소년기와 청년 때도 미래의 시간이 무한할 것이라고 믿는다. 그런데 30대가 되고 40대에 접어들면서는 한 해 한 해가 점점 빨리 흘러간다고 느끼게 된다. 늘 '바쁘다, 시간이 없다'는 말을 달고 산다. 50대에서 60대, 60대에서 70대가 되면 이제는 1년, 2년이 마치 젊은 시절의 한 달, 두 달처럼 쏜살같이 흘러간다.

시간관리 능력이 곧 경쟁력

인생의 성패는 시간을 어떻게 관리하고 장악하느냐에 달려있다 해도 과언이 아니다. 시간을 자기 식으로 이끌어가는 사람은 행복한 인생을 살고, 시간에 쫓기며 끌려가는 사람은 뭘 해도 행복하다고 느끼지 못한다.

실패한 사람, 자신의 인생을 후회하는 사람, 현재를 행복하게 느끼지 못하는 사람들을 살펴보면 시간의 가치를 모를 뿐 아니라 시간 관리를 해본 적이 없거나 미숙하다는 공통점이 있다. 반면 성공한 사람, 자신의 인생을 후회하지 않는 사람, 지금 이 순간을 행복하다고 느끼는 사람들 대부분은 시간을 장악하는 방법을 터득하고 있다. 삶에 대한 목표가 뚜렷하고 그 목표에 따라 하루, 1시간, 1분, 1초를 허비하지 않는다.

과거 농경시대에는 시간의 가치가 달랐다. 씨를 뿌리고 작물을 거둬들일 때 대자연의 시간에 순응해야 했고, 낮과 밤 시간도 정해진 대로 써야 했다.

그러나 현대사회의 시간은 개인들의 것이다. 계절의 경계와 낮밤 차이가 사라졌기 때문이다. 이런 사회에서는 시간의 가치를 깨닫고 자기 것으로 잘 관리하는 사람이 우위를 차지할 수밖에 없다.

계획하는 사람은 여유롭다

시간을 잘 관리한다는 것은 계획성과 깊은 연관이 있다. 이는 빽빽하고 빈틈없는 계획표에 따라 기계처럼 하루를 보내라는 의미가 아니다.

어린 시절 그렸던 방학 생활 계획표를 떠올려보자. 아침 6시부터 밤 12시까지 1시간 단위로 공부며 운동 계획을 세웠지만 지키기가 매우 어려웠을 것이다. 결국 얼마 안 가 방학 초기에 세웠던 계획표는 처박아두고 흐르는 대로 시간을 보냈을 것이다.

이처럼, 계획을 세우고 시간을 관리한다는 것은 하루를 무리한 일정으로 꽉 채우라는 뜻이 아니다. 인생에서 궁극적으로 가고자 하는 큰 그림을 먼저 인식한 상태에서, 그것을 이루기 위해 시간을 효율적으로 활용하라는 의미다.

계획이란 실천할 수 있는 것이어야 하며, 그런 의미에서 시간관리 혹은 시간계획의 목적도 실행의 집중을 위한 것이 되어야 한다. 이때 목적이 분명하다면 효율성이 높아지고 소요 시간도 단축된다. 그때부터 비로소 마음의 여유, 시간의 여유, 삶의 여유가 생기기 시작한다.

2

계획을 통해 습관의 벽을 없애라

자기관리의 제일요소는 시간관리

시간관리는 곧 자기관리와도 같다. 누구에게나 똑같이 주어진 하루 24시간이 어떤 사람에게는 충만하고 여유 있게 사용되는 반면, 어떤 사람에게는 쫓기듯 정신없고 뭘 했는지 모를 정도로 허무하게 사용되기도 한다.

이는 제한된 시간을 관리하는 요령의 차이다. 어떤 사람은 24시간을 48시간처럼 쓰지만 어떤 사람은 24시간을 겨우 6시간처럼 쓴다. 요즘에는 집안 수납과 정리를 도와주는 정리 전문가가 있다. 집안 구석구석 어지럽게 널려있는 물건들을 주체하지 못하는 사람들을 위해 버릴 것은 버리고 정리해주는 정리의 달인들이다.

이들이 가진 원칙은 간단하다. 좁은 공간을 효율적으로 활용해 수납을 최대화하고, 필요 없는 것들은 버리는 것이다.

시간관리도 비슷하다. 모자란 시간이라도 효율적으로 활용하면, 일의 능률을 올리고, 자투리 시간도 낭비하지 않으며, 현실적으로 실현 가능한 계획을 세워 합리적으로 시간을 보낼 수 있다.

성공의 비밀은 습관에 있다

시간관리는 '최소한의 시간, 최대한의 효과' 를 기본으로 한다. 시간관리를 잘하는 사람은 일 처리가 빠르고, 남할 건 다 하면서 여가까지 즐기는 매우 신기한 능력을 가진 것처럼 보인다. 하지만 그것은 특출한 능력 때문이라기보다는 시간을 잘 쓰는 습관이 몸에 밴 덕이다. 일을 할 때 고도로 집중하니 성과도 높아지고 심리적 균형도 유지할 수 있다. 결과적으로 그는 궁극적 삶의 목적을 이룰 가능성이 높다.

한 가지, 다행인 것은 이 시간관리법은 누구나 연습과 훈련을 통해 발전시킬 수 있다는 점이다. 우선 다음의 원칙들을 기억해보자.

〈시간관리를 통한 발전적인 습관 만들기 원칙〉

- 매일 규칙적인 생활계획을 세워라.
- 모든 일에는 최종 기한을 정하라.
- 모든 일에 우선순위를 정하여 중요한 일부터 먼저 하라.
- 정해놓은 시간을 통해 지키는 습관을 들여라.
- 목표에 얼마나 다다랐는지 항상 체크하라.
- 한 가지 일에만 집중하라.

습관은 '의식하지 못한 채' 하는 행동들이다. 게으른 사람은 자신도 모르게 게으른 행동을 하는데, 결국 그 습관이 내 성격이 되고, 인생의 질을 결정한다. 나쁜 습관을 줄이고 좋은 습관을 만든다는 것은 인생의 방향성을 바꾼다는 뜻이기도 하다.

발전적인 계획을 세워 내 몸에 밴 습관으로 완전히 만들기 위해서 처음에는 노력이 필요하다. 이때 반드시 기억해둘 습관의 수칙은 다음과 같다.

첫 3주(21일) 동안

+매일

+의식적으로

+반복하라!

나쁜 습관의 벽을 깨트리는 요령

성공한 사람은 좋은 습관을 가지고 있다. 반대로 실패한 사람은 자기도 모르게 나쁜 습관을 반복하는 경우가 많다. 누구에게나 한두 가지 나쁜 습관은 있다. 생각하기 전에 행동부터 하는 것, 한꺼번에 여러 가지 일을 하려는 것, 거절을 못하고 자기 의사를 밝히지 못하는 것, 편식하는 것, 운전할 때 화를 잘 내는 것, 계획을 거창하게 세우지만 끝까지 지키지는 못하는 것 등등 그 외에도 수많은 나쁜 습관들이 우리 생활 속에 존재한다. 하지만 이를 없애는 것은 쉽지 않다. 습관이란 평생을 반복해 '몸에 배어 있음'을 뜻하는 것이기 때문이다. 그럼에도 자신이 되풀이하고 있는 나쁜 습관의 벽을 깨트릴 수 있다면 당장 큰 부자가 되거나 모든 문제가 해결되지 않더라도 삶의 질이 점차 변해가는 것을 발견하게 될 것이다.

나쁜 습관을 줄이고 없애려면 다음의 원칙들을 염두에 두고 하나씩 실천에 옮겨보도록 하자.

1단계 - 고치고 싶은 자신의 나쁜 습관 리스트 5가지 이상 적어보기
2단계 - 그것들을 어떤 습관으로 고치고 싶은지(대안행동) 적어보기
3단계 - 나쁜 습관들의 원인 찾기
(예: 계획을 세우지 않아서, 한꺼번에 두 가지 이상의 일을 하려고 해서, 중요한 일을 하다가 사소한 일들도 함께 하려고 해서, '이따가', '내일' 처럼 미루려고 해서...)
4단계 - 나쁜 습관 리스트 5개를 매일 체크하며 대안행동 하기
5단계 - 1주일 후, 3주 후, 3달 후 자신의 습관 체크하기

3

일주일을 기본으로 계획표를 짜라

일주일의 변화가 평생의 변화를 만든다

시간을 효율적으로 관리하라는 말은 얼핏 어렵고 거창하게 들린다. 하지만 10년을 1년 단위로, 1년을 한 달 단위로, 1달을 일주일 단위로 끊어서 생각해보면 쉽다. 작은 시간들이 모여 큰 시간을 이루는 만큼, 오늘 하루, 이번 한 주를 어떻게 보내느냐가 결국 1년, 5년, 10년, 나아가 평생의 시간의 질을 결정한다.

일주일은 시간을 관리하고 계획을 수립할 때 가장 기본이 되는 최적의 단위이다. 월요일부터 일요일까지의 생활 사이클을 한 눈에 파악할 수 있고, 특정 목표를 달성하기 위한 계획을 세우는 데 적절하며, 반복을 통해 나쁜 습관을 고치거나 좋은 습관을 익히는 연습을 하는 데도 알맞은 시간이다.

같은 일주일도 어떤 계획을 세우고 노력하느냐에 따라 지난주와 이번 주, 다음 주가 달라질 수 있다, 이런 한 주가 차곡차곡 모이다 보면 한 달 후가 달라지고, 6개월 후가 달라진다. 지난주와 이번 주는 크게 다르지 않을지라도 작은 변화가 모여 큰 변화를 만드는 것처럼 일주일의 변화가 평생을 변화시키는 초석이 된다.

일주일은 습관화의 최적의 단위

1년은 총 52개의 일주일이 모여 만들어진다. 즉 일주일 계획을 통해 좋은 습관을 들이고, 나쁜 습관을 개선시키는 패턴을 52회 반복하면 1년이 지난다. 새로운 것을 익히는 데는 반복만큼 좋은 게 없다. 물론 이번 주가 지난주에 비해 달라진 게 없고 오히려 실패일 때도 있을 것이다. 그러나 또 다시 연습할 수 있는 50여 번의 기회가 남았다면 어떻겠는가? 한층 여유가 생기고 실수를 만회하고자 하는 동기부여가 될 것이다.

1년 후의 나는 오늘과 어떻게 달라져 있을까?

목적한 바에 조금 더 가까이 다가가 있을까?

혹은 나이만 한 살 더 먹었을 뿐 아무 발전도 없을까?

이 모두가 오늘부터 앞으로의 일주일을 어떻게 계획하고 보내느냐에 달려 있다. 시간관리의 핵심은 뭘 얼마나 이뤘느냐가 아니라 얼마나 좋은 것을 습관화하고 있느냐다. 다시 말해 먼 미래가 아니라 '지금'에 초점을 맞춰야 한다.

당장 큰 목표를 이루겠다고 욕심을 부리는 대신, 그 목적을 향해 나아가는 세부계획들을 실천하는 습관을 들이는 것이 일주일 계획의 궁극적 목표가 되어야 한다. 하루와 한 주일의 작은 계획들을 실행하면서 시간의 가치를 매 순간 깨닫다보면 나도 모르게 변화하는 자신을 보게 된다.

쫓기지 않고 여유를 갖는 법

일주일 시간관리를 몇 주 용케 지켰다고 거기서 끝나는 건 아니다. 초반 3주 이상의 집중적 연습기간이 지나면, 그때부터는 일주일씩 시간을 관리하고, 계획하고, 계획한 것을 지켰는지 체크하고, 고칠 것을 고쳐나가는 패턴이 형성되어야 한다.

그렇다고 압박감과 부담감에 짓눌린 채 지내라는 이야기는 아니다. 일주일 계획 수립에 대한 가장 흔한 오해가 하나 있다. 거창한 계획을 세우고 지켜야 좋은 시간관리라고 착각하는 것이다. 하지만 능력을 넘어서는 무리한 계획에 치중하다 보면 심리적인 부담이 커질 수밖에 없다.

계획이란 변동될 수 있고, 수정될 수 있으며, 도저히 지킬 수 없는 예상 밖의 사정이 생길 수도 있다. 뜻하지 않은 방해물도 생기고, 계획에 오류가 있었음을 뒤늦게 깨닫기도 한다. 때문에 계획을 세울 때 갑자기 많은 일을 하려다 보면 지키지 못할 확률도 높아지는 것이 당연하다. 오늘 꼭 하려고 했던 일을 못할 수도 있다.

그렇다고 자책하고 압박감을 느낄 필요는 없다. '지키기 어려운 계획'을 '지킬 수 있는 계획'으로 수정하는 연습을 하며 오류를 개선해나가며 성취감을 느끼고 여유를 갖는 것이 중요하다.

따라서 '일주일 계획'은 편하고 쉬우며 부담 없어야 한다. 지키려고 강박관념을 갖는 것이 아니라, 할 수 있는 선에서 최대한 실천하고 적용하도록 하자. 처음부터 완벽하려고 하기보다는 불완전한 부분을 조금 더 완전한 방향으로 전환시키며 매 순간의 과정을 즐겨야 한다.

이거 알아요!

로마인들의 승리 비법 - 매뉴얼 구축

로마인들은 사실상 월등히 강한 민족은 아니었다. 그럼에도 로마가 세계를 제패할 수 있었던 이유는, 전쟁에서 승리하는 매뉴얼을 먼저 만들었기 때문이다. 로마군은 전쟁 시 상대를 압도하는 전쟁 기술을 쉽고 간단하게 만들어 군사들에게 훈련시켰고, 이것이 유럽 정벌에 결정적인 영향을 미쳤다. 이처럼 매뉴얼은 복제하기가 쉬우며 누구나 따라서 할 수 있는 도구로서 놀라운 가치를 가진다.

나아가 매뉴얼은 성공의 미로에서 발길을 인도해주는 안내서이자, 다양한 변수에 현명하고 객관적으로 대처할 수 있도록 도와주는 모범답안이다.

쉽게 말해 매뉴얼은 상황에 대처하는 원칙을 의미한다. 때로 우리는 감정과 건강 상태, 주변의 시선에 따라 원칙이 흔들릴 때가 있다. 그리고 시간이 지나면 꼭 후회한다. 매뉴얼은 바로 이런 후회를 줄이기 위해서, 나아가 상황에 신속하게 대처하기 위해서 반드시 필요한 지침이다.

한편 매뉴얼을 쌓는 방법은 제각각이다. 사람마다 가치관이 다르고 생각의 폭 또한 다르기 때문이다. 따라서 매뉴얼은 자신의 삶과 발맞추어 차곡차곡 준비하되, 항상 최상의 것으로 신중하게 거듭 생각한 뒤 쌓아가야 한다.

그렇다고 어렵게만 생각할 것은 없다. 목적지까지 가는데 택시를 탈까 버스를 탈까 망설인다고 치자. 이럴 때 주머니 사정이 좋으면 택시를 타고, 그렇지 못하면 버스를 탄다. 하지만 시간이 없다면 그래도 택시를 선택하고, 그런데 도로가 막히고 있다면 지하철을 선택하는 것, 이런 식의 선택 기준이 바로 매뉴얼이고, 이를 사소한 일상에서부터 인생에 몇 번 안 되는 선택의 순간까지 적용시키는 것이다. 또한 이처럼 매뉴얼을 만들어놓게 되면 평생에 걸쳐 행동의 일관성을 유지할 수 있다.

4

먼저 해야 할 일과 지금 당장 해야 할 일을 구분하기

선택하고 집중하라

시간관리란 사실상 할 일을 제외한 나머지를 버리는 선택적 개념에 더 가깝다. 일의 우선순위를 정해 선택하고 집중하는 것이다. 우선순위를 정해 중요한 일을 처리하고 나면, 훨씬 더 여유로워지고 일의 능률도 상승한다.

성공한 사람들도 비슷하다. 이들도 모든 일을 다 해내서 성공한 것이라기보다는, 할 수 있는 일과 없는 일, 먼저 해야 할 일과 나중에 해도 되는 일, 포기해서는 안 되는 일과 포기할 일의 구분과 판단을 재빨리 했기에 정작 중요한 일에 최상의 에너지를 투입할 수 있었던 것이다.

하고 싶은 일들, 해야 할 일들을 완벽하게 다 해낼 수 있는 사람은 드물다. 아무리 시간을 쪼개 바삐 움직여도 항상 새로운 일들이 생기게 마련이고, 수많은 돌발 변수 속에서 계획이 무산되는 경우도 수시로 생긴다. 즉 시간이 충분하지 않은 것은 누구에게나 마찬가지이다. 따라서 시간관리에서는 선택과 집중의 요령을 발휘하여 자기만의 원칙을 세우며,

이 원칙만큼은 반드시 지키는 것이 중요하다.

시간관리 원칙1 : 중요한 일부터 하기

스티븐 코비는 〈소중한 것 먼저 하기〉라는 저서에서 "자신에게 가장 중요한 일을 먼저 하라. 그 편이 오히려 문제를 덜 발생시키고 삶을 더 풍요롭게 만든다."라고 말했다. 여러 시간관리 전문가들이 가장 강조하는 것도 '중요한 일 먼저 하기' 이다. 중요한 일이 무엇인지 정했다면, 그 일에 집중하고 에너지를 쏟아야 한다. 중요하지 않은 일에 시간을 보내지 말고, 다른 일들을 미루는 한이 있더라도 중요한 일을 먼저 끝마쳐야 한다.

중요한 일을 선별할 때는 다음과 같은 항목들을 판별 기준으로 삼는 것이 좋다.

〈중요도 판별 원칙〉

- 다음으로 미뤄도 되는 일인가, 미뤄서는 안 되는 일인가?
- 나의 가치를 높이는 일인가?
- 나의 발전과 연관이 있는 일인가?
- 미래를 준비하는 데 관련이 있는 일인가?
- 나를 위한 일인가, 다른 사람을 위한 일인가?
- 오늘(이번 주) 해야만 효과가 있는 일인가?
- 타인에게 맡겨도 되는 일인가, 내가 해야만 하는 일인가?

위와 같은 질문들에 근거해 중요한 일들의 리스트를 만들었다면 다음의 원칙들을 생활의 수칙으로 삼아 실천하는 연습을 해보자.

1. 한 주일을 시작할 때 이번 주에 꼭 해야 할 일들의 목록을 적는다.
2. 하루를 시작할 때 그중 오늘 반드시 해야 할 일들의 목록을 적는다.
3. 중요도 순서대로 번호를 매긴다.
4. 순서의 제일 앞에 있는 일을 중심으로 하루 계획을 세운다.
5. 그 일을 마치기 전에는 아래 순위의 일들은 미룬다.
6. 이와 같은 순위 매기기를 매일 반복하고 실천한다.
7. 목록과 계획을 적은 것을 눈에 잘 띄는 곳에 두고 매일 체크한다.

중요도가 높은 일에 집중하려면 그를 위한 시간을 충분히 마련하되, 중요도 순위가 낮은 다른 일들을 한꺼번에 병행하느라 중요한 일도 제대로 하지 못하는 오류를 범하지 말아야 한다. 중요한 일을 먼저 하고, 그 일을 마치기 전에 다른 일에 눈 돌리지 않는 것. 이것을 모든 생활계획의 원칙으로 삼도록 하자.

시간관리 원칙2 : 당장 할 일부터 하기

계획을 세우다 보면 '급한 일'이 눈에 띄게 마련이다. 급하게 처리해야 할 일, 당장 해야 할 일들이 그것이다. 이런 급한 일은 중요도 순위가 높은 일일 수도 있지만, 때로는 아닐 수도 있다. 예를 들어 어딘가에 전화 연락을 해야 하거나 시장에 가서 뭔가를 사야 하는 일은 시급히 처리해야 할 일이긴 하지만, 내 미래와 연결되는 중요한 일은 아닐 수 있다. 그럼에도 그 일들을 하지 않았을 경우 중요한 일을 하는 데 방해가 될 수도 있다. 이럴 때는 그 일이 중요도에 있어 상위권에 속하지 않더라도 먼저 해놓는 것이 좋다.

이처럼 계획을 수립하고 순위를 매기고 실천하는 데는 일정한 원칙이 필요하다. 해야 할 일, 안 해도 될 일, 먼저 처리해야 할 일, 중요한 일을 위해 시급히 해야 할 일들 사이의 위계를 세우고 순서대로 해나가다보면 같은 시간이라도 훨씬 더 풍부하고 입체적으로 활용할 수 있다.

이러한 원칙은 하루에서 일주일로, 일주일에서 한 달로, 나아가 더 긴 시간단위로 확장될 수 있으며, 이처럼 원칙 있는 계획과 중요도에 의한 일 처리 습관은 삶을 좀 더 체계적으로 변화시키는 데 큰 도움을 준다.

5

'항상 해야 하는 것'의 목록 만들기

항상 해둬야 하는 마음가짐

사고나 재난에 대처하려면 건물 설계 단계부터 탄탄한 시공법이 필요하다. 뿐만 아니라 평소에 안전훈련을 하고 각종 안전 물품들과 의약품도 마련해두어야 만약의 사고에 기민하게 대응할 수 있다.

사업도 다르지 않다. 마치 비상시 재난을 대비하는 것처럼 모든 것을 준비해야만 성공의 계단을 꾸준히 오를 수 있다. 매일 아침 소지품부터 마음가짐까지 '처음 시작하는 마음으로' 모든 것을 갖추어야 한다.

예를 들어 '나는 원래 사업수완을 타고났으니까', '나는 이런 일에 경험이 많으니까', '나는 발이 넓으니까' 등의 이유로 준비 없이 비즈니스에 임할 경우 결국 그 자만심과 태만함이 발목을 잡게 된다. 반면 항상 해야 할 일들의 목록을 머리로, 가슴으로 되뇌며 마치 그 일을 오늘 처음 해보는 것처럼 철저히 준비하는 사람들은 발전의 속도가 남다르다.

그렇다면 비즈니스를 하는 사람으로서 우리는 어떠한 태도를 갖춰야 할까? 그리고 실질적으로 준비해야 할 일들의 목록은 무엇이 있을까?

〈언제 어디서나 항상 '준비된 사람' 이 되기 위한 방법〉

- 만나는 모든 사람들에게 진실하고 성실한 태도로 대하기
- 오늘 하는 모든 경험, 만남, 사건을 통해 '몰랐던 것을 배운다' 라고 생각하기
- '못할 것 없다' 라는 자신감 잃지 않기
- 사업이나 제품과 관련해 다른 사람들에게 언제 어느 때라도 조리있게 이야기하고 설명할 수 있도록 주요 내용들을 늘 마음속으로 준비하기
- 오늘 해야 할 일들의 목록이 적힌 수첩이나 노트를 늘 갖고 다니며 체크하기

〈늘 준비해야 할 멘트 목록〉

"지금 하시는 일 이외에 추가적으로 수입을 올릴 방법에 대해 생각해 보셨습니까?"

"이 제품의 유용성에 대해 들어보신 적이 있는지요?"

"잠시 이야기를 나눠도 될까요?"

"이러이러한 사업 분야에 대해 알아보신 적이 있습니까?"

〈항상 갖고 다닐 물건의 목록〉

- 제품의 샘플과 비즈니스 가이드
- 사업 진행 시 반드시 필요한 최소한의 서류들
- 제품 카탈로그나 브로슈어
- 자신의 개성을 살린 명함
- 필기하기에 유용한 펜 2개 이상

이거 알아요!

인간관계는 최고의 저축이다

사업 성공의 절반은 인간관계에서 비롯된다. 특히 네트워크 비즈니스에서는 인간관계가 최고의 자산이다. 나아가 지금 당장 수익을 내지 않더라도 어려움이 닥쳤을 때나, 성장 일로에 있을 때 등 적절한 순간에 나를 이끌어줄 최고의 저축이자 보험이다.

따라서 인간관계를 맺을 때는 단기적으로 맺을 것이 아니라, 평생 함께 간다는 진심을 보일 수 있어야 한다. 하지만 이를 현실적으로 유지하기는 쉽지 않다. 처음 사업을 시작한 이들의 경우 쉽게 조급해진다. 자신만의 가치관으로 세상을 판단하는 만큼 상대를 금방 내 편으로 만들기는 결코 쉽지 않음에도 서두르게 되는 것이다.

그러나 진심은 통하게 마련이다. 성의 있고 진실한 태도로 상대를 대하면, 반드시 그 대가를 돌려받을 수 있음을 기억하고 쉽게 의기소침해지거나 포기하지 말도록 자신을 단련시킬 필요가 있다.

특히 휴먼 네트워크가 중심이 되는 네트워크 마케팅은 만남 자체가 사업의 과정이다. 평소 사회생활을 했더라도 막상 이 비즈니스를 시작하면, 사업 전달 시 사람을 만나는 것 망설이는 경우가 많다. 하지만 네트워크 마케팅은 인간관계의 확대를 기본으로 하며, 따라서 사업을 활발하게 진행하고 싶다면 어느 누구와 만나도 무리 없이 대화를 진행할 수 있는 소양을 길러야 한다. 혼자서 하기 어렵다면 세미나나 모임 등 자신의 의견을 발표하고 대화를 유연하게 나눌 수 있는 자리를 자주 찾아야 한다. 인간관계도 결국은 훈련과 반복으로 습득할 수 있는 기술임을 기억하고 자신감을 잊지 말자.

6

항상 경청하자

귀는 둘, 입은 하나인 이유

흔히 사람들은 '말발' 좋은 사람이 사업에 성공한다고 믿는다. 탁월한 말재주, 시선을 사로잡는 카리스마가 있는 사람, 대중 연설을 잘하는 사람일수록 사람들을 끌어 모으기 쉽고 인맥도 넓으며 따라서 사업도 더 잘할 것이라고 짐작하는 것이다.

그러나 성공이란 '말 잘하는 능력' 자체에서 오지 않는다. 특히 네트워크 마케팅은 단순히 말만 잘 한다고 지속적으로 이끌어나갈 수 있는 분야가 아니다.

물론 말을 조리 있게 잘하는 능력은 중요하다. 하지만 네트워크 마케팅의 경우, 자기 경험을 공유하고 상대의 마음을 여는 것이 중요한 사업인 만큼, 말 잘하는 능력보다는 상대방의 이야기를 잘 듣는 능력을 갖출수록 승승장구한다. 이 사업은 독불장군처럼 성공하는 사업이 아니라 사람들과 성공을 공유하며 함께 동반성장하는 일이기 때문이다. 신이 인간에게 두 개의 귀와 한 개의 입을 준 이유가 말하기보다 듣기를 더 열심히 하라는 뜻이라는 이야기처럼, 잘 듣고 경청하고 공감하는 것이야말로 사업은 물론 모든 인간관계에서 가장 값진 능력이 될 수 있다.

잘 듣는 사람이 성공한다

네트워크 마케팅에서는 말 잘하는 사람보다 잘 경청하는 사람이 더 질 높은 인간관계와 더 많은 실적을 올릴 수밖에 없다. 특히 사업이나 제품을 주제로 컨택하거나 리크루팅을 할 때, 내 이야기를 일방적으로 들어줄 것을 강요해서는 안 된다. 내가 아무리 열정적으로 이야기해도 상대방의 마음이 열리지 않으면 내 정보들이 상대방에게 가서 닿지 않기 때문이다. 그럴 때는 듣기를 강요하기 전에 상대방의 현재 상황, 성격, 특징을 파악할 수 있도록 많이 듣고 많이 대화를 나눠야 한다. 효과적인 경청을 위해 반드시 다음의 사항들을 염두에 두자.

1. 비즈니스가 지지부진하거나 손해를 보는 큰 원인은 '듣지 않는 습관' 인 경우가 많다.
2. 상대방이 이야기를 할 때는 도중에 끊거나, 화제를 내 쪽으로 돌리려 하거나, 이야기를 막지 말아야 한다.
3. 다른 사람이 어떤 상황에 처해있는지 알기 위해 관심을 기울이고 주의 깊게 들어라.
4. 나보다 경험 많은 사람의 이야기를 들을 때는 그 사람의 모든 이야기를 나를 위한 배움의 소재로 삼아라.
5. 나와 다른 생각 혹은 반대되는 생각을 가진 사람의 이야기라 하더라도 즉시 반박하지 말고 우선 끝까지 들어라.
6. 상대방의 이야기를 듣는 도중, 다음에 내가 무슨 말을 할 것인지 미리 생각해놓느라 중요한 메시지를 놓치지 않도록 주의하라.

7

계획하는 것보다 시간을 잘 아끼는 방법은 없다

놀면서도 성공하는 사람들의 비밀

시간은 귀중히 여길수록 가치 있는 것이 된다. 시간을 낭비하지 않기 위해서는 정해진 시간 안에 자신이 목표한 바를 달성하는 습관을 들여야 한다. 계획을 하고 그 계획을 지키는 것이다. 계획을 지켰다는 성취감은 우리에게 긍정적인 에너지를 주고 두뇌가 환기되는 효과를 가져 온다. 그리고 실제로도 시간이 남아돌기 시작하여 그 시간을 재충전의 기회로 활용할 수 있다.

성공하는 사람은 종일 일만 하지 않는다. 일할 때 일하되 쉴 때는 충분히 잘 쉰다. 늘 바쁘다고 동동거리지 않으며, 필요할 때는 높은 집중력을 발휘하지만 그 외의 시간에는 재충전을 하여 다음 일을 할 에너지를 다시 채운다.

'시간이 부족하다' 고 탓하지 말라

시간을 의미 있게 활용하는 것과, 그저 바쁘기만 한 것은 조금 다르다. 시간을 계획성 없이 쓰는 사람들은 늘 열심히 일하거나 쉴 새 없이 돌아다니는 것처럼 보이지만 사실은 시간을 낭비하며 '시간이 없다.' 라는 말을 달고 산다. 뭔가를 실패했을 때도 시간 부족을 탓한다.

반면 능력 있는 사람일수록 일상생활에서 시간을 허비하는 일이 드물다. 자신이 쓸 수 있는 모든 시간을 최대한 활용한다. 의미 없이 흘려보내는 시간이 남들보다 적고, 그런 하루하루가 쌓여 5년이 되고 10년이 되면서 그만큼 많은 일을 해낸다.

시간은 우리가 뭔가를 이룰 때까지 기다려주지 않는다. 그 기다려주지 않는 시간을 길게 쓰거나 모자라게 쓰는 것은 순전히 인간의 몫이다. 모든 일에 계획을 세우고 시간을 가치 있게 활용하는 사람은 성공자의 반열에 들어선 것이나 다름없다.

〈시간을 허비하는 습관이 있는 사람들이 자주 하는 말〉

"어디에 뒀더라?"

"분명히 여기에 있었는데?"

: 지갑, 휴대폰, 열쇠, 서류, 자료, 소지품 같은 물건들을 찾느라 항상 허둥지둥하는 습관이 있는 경우, 생각보다 많은 시간을 의미 없이 낭비하게 된다.

"언젠가는 정리를 좀 해야 할 텐데..."

"이걸 언제 다 정리한담?"

: 어지럽게 자료들이 쌓여 있는 테이블이나 서랍 속, 여러 종류의 물건들이 체계 없이 널려 있는 집이나 사무실 환경에서는 물건뿐 아니라 생각을 정리하기도 어렵다. 물건들을 가지런하게 잘 정리해두면 필요할 때 필요한 것을 찾는 시간을 단축시킨다. 그만큼 시간을 절약할 뿐만 아니라 일의 효율성도 높아진다.

"다음에 해야지."

"내일 하지 뭐."

: '다음에' 라는 말을 버릇처럼 하는 사람 치고 정말 그 일을 '다음 기회' 에 하는 사람은 많지 않다. 꼭 해야 할 일을 자주 미룬다는 것은 할 일을 못하고 지나간다는 뜻이기도 하다.

"그런데 내가 지금 뭘 하려고 했더라?"

"아, 맞다! 그걸 빠트렸네."

: 생활의 계획성과 준비성이 없는 사람은 자신이 해야 할 일을 뒤늦게 깨닫고 후회하는 경우가 많다. 이런 경우 늘 바쁜데 시간이 모자란 것처럼 느껴질 것이다. 업무에 대한 계획을 세우고 하나씩 체크하며 해나간다면 해야 할 일을 빠트리거나 제 시간에 못하는 오류를 줄일 수 있을 것이다.

이거 알아요!

네트워크 마케팅의 성장비결 (Go - GETTER)

① 매일 책을 15~30분 읽자(최소한 1개월에 1권의 책을 읽자)

(1) 삶의 지혜를 배울 수 있다.

(2) 자기계발과 성장을 도모할 수 있다.

(3) 성공한 사람들의 사고와 정신력을 배울 수 있다.

(4) 자아발견과 동기부여의 기회를 가질 수 있다.

(5) 성공을 위한 내면의 힘을 기를 수 있다.

② 매일 1개 이상 동기부여 및 사업설명회 CD를 듣자

(1) 사업을 올바로 이해하고 사업의 성장을 도모할 수 있다.

(2) 사업에 대한 비전을 공유할 수 있다.

(3) 어떻게 사업을 진행할지 올바른 방법을 배울 수 있다.

(4) 스스로를 동기부여 할 수 있다.

(5) 성공의 복제를 극대화할 수 있다.

(6) 필기하면서 듣고, 반복해서 들으면 효과가 크다.

③ 미팅에 100% 참석하자(오픈 미팅/ 세미나/ 랠리/ 펑션)

(1) 네트워크마케팅은 미팅에서 이뤄지는 교육이 곧 사업으로 이어진다.

(2) 자신감과 열정을 축적시킬 수 있다.

(3) 성공 지향적이거나 이미 성공한 사람들과 교류하며 윈윈 관계를 형성할 수 있다.

(4) 성공한 사람들의 경험과 노하우를 배울 수 있다.

(5) 큰 규모의 미팅일수록 열심히 참석해 이 사업을 신뢰할 수 있는 기회를 마련하자.

④ 전 제품을 100% 애용해 제품의 전문가가 되자

(1) 제품은 내가 직접 사용해야 한다.

(2) 구매 방법과 습관을 계획적으로 바꿈으로써, 충동구매를 억제하고 생활비를 절감하는 효과를 직접 경험해본다.

(3) 나부터 제품에 신뢰를 가지고 최우수고객이 된다.

(4) 등록 후 1개월 내에 5~10가지 제품을 사용해보면 좋다.

(5) 매월 10가지 정도 제품 사용을 증가시켜 나간다.

(6) 전 제품을 100% 애용하면서 지식을 쌓아 누가 물어봐도 대답할 수 있는 제품에 대한 전문가가 되자.

⑤ 사업 소개에 적극적이어야 한다

(1) 스스로 사업설명을 할 만한 기본을 갖추도록 노력하자.

(2) 사업 설명은 월 15회 정도가 이상적이다.

(3) 처음부터 잘하는 사람은 없는 만큼 철저하게 배우고 연습하면 누구나 할 수 있다.

출처: 네트워크 마케팅 시스템을 알면 성공한다

4장

성공적인 사업설명회의 비밀

사업설명(STP)

1

네트워크 비즈니스에서 가장 중요한 것은 사업설명회에 있다

사업설명회는 미래를 공유하는 절호의 기회

네트워크 비즈니스는 '꿈'을 '공유' 하는 일에서 성패가 결정 난다. 평범한 삶을 살다가 네트워크 사업을 만나 풍요로운 삶을 설계하게 된 수많은 성공자들은 하나같이 '돈을 많이 벌어서 성공했다.' 라고 말하는 대신 '인생에 대한 건전한 꿈을 꿀 수 있고 다른 이들과 나눌 수 있었기 때문에 성공했다.' 라고 말한다.

단순히 이익을 많이 내거나 매출을 많이 올렸다는 것 자체에서 보람을 느끼는 것이 아니라, 자신이 정말 의미 있는 일을 하고 있으며, 생활에 도움이 되는 좋은 상품의 가치를 더 많은 사람들에게 알리고 자신뿐만 아니라 타인들에게도 이득을 줄 수 있었기 때문에 보람과 가치를 느꼈다는 것이다. 때문에 이들은 자신들이 아끼는 사람들과 이 사업을 함께 하고 싶어 한다.

이처럼 네트워크 비즈니스의 가치, 그리고 사업과 제품에 대한 올바른 정보를 더 많은 사람들과 공유할 수 있는 기회가 사업설명회이다.

사업설명회라고 하면 제품에 대해, 회사에 대해, 사업의 플랜에 대해 알리기 위함이라고 생각할 것이다. 그러나 단순히 정보를 전달하고 설명하는 것이 사업설명회의 궁극적인 목적은 아니다.

그것만으로는 왜 이 제품이 훌륭한지, 혹은 왜 이 사업이 전도유망한지 설득시키기 어렵다. 사람마다 성격, 상황, 절실히 필요로 하는 것이 전부 다르기 때문이다. 아무리 어떤 제품의 탁월함을 열심히 전해도, 정작 듣는 사람이 '난 전혀 필요가 없는데?' 라고 생각하거나 혹은 '그런 물건이 있든 말든 상관없어.' 라고 단정 짓는 유형이라면 당신의 설명이 귀에 들어올 리 없을 것이다.

사람의 다양성을 인정하라

세계적인 자기계발 전문가인 지그 지글러는 '기술적 능력과 전문지식의 영향은 15퍼센트이다. 나머지 85퍼센트는 사람에 관한 지식과 그들을 상대하는 기술이다.' 라고 말한 바 있다. 즉 사람의 마음을 사로잡을 수 있는지가 모든 일의 성공과 실패를 결정한다는 것이다.

그렇다면 사람의 마음을 사로잡을 수 있는 방법으로는 무엇이 있을까? 가장 먼저 상대를 파악하는 것이 우선이다. 100명의 사람이 100가지 다양성을 가지고 있음을 이해하는 통찰의 지혜가 필요한 것이다.

네트워크 비즈니스에 종사하는 사람들은 다른 업종에 비해 폭 넓은 다양성을 가진다. 현재와 과거 직업이 매우 다양하고, 사회 계층, 업무 경험, 학력, 출신 등도 천차만별이다. 성격적 특성들은 더 다양하다. 이처럼 다양한 사람들과 함께 일하며 성공을 공유할 수 있으려면 제품과 플랜 이전에 사람에 대한 이해도가 깊어야 한다. 그래야 고객과 잠재고객을 설득할 수 있을 뿐만 아니라 제품 판매부터 리크루팅과 사업 확장 등의 단계들에서 걸림돌 없이 비즈니스를 끌고 갈 수 있다. 즉 사람을 이해할 수 있으면 더 나은 협력, 더 나은 소통, 더 나은 동반성장을 이끌어내며, 이것이 더 많은 사람들이 자신의 꿈을 이룰 수 있도록 해주는 밑받침이 된다.

그럼에도 초보 사업자들은 이 대목에서 실수를 저지른다. 대개 사람을 이해하려하기보다는 제품과 플랜 자체에만 집중해버린다. 하지만 네트워크 마케팅에서는 사람이 전부라 해도 과언이 아니다. 사람을 이해하지 못하고 소통하지 못한다면 사업 실패도 불 보듯 뻔해진다.

반면 개개인의 성격과 스타일에 따라 설득과 대응방식이 다르다는 사실을 아는 것이야말로 이 사업에서는 절반의 성공과 다름없다. 사람들은 각자 다른 사고의 틀로 사물과 사건을 해석하고 반응한다. 삶에서 우선시하는 것도 다르고, 경험과 문제해결방식, 라이프스타일도 다르다. 따라서 사업을 제대로 펼치려면 '내가 중요하게 생각하는 것' 이 아니라 '상대방이 중요하게 생각하는 것' 이 무엇인지에 초점을 맞춰야 한다.

대화, 설명, 응대의 모든 중심점을 자신이 아닌 상대방으로 이동시키면, 사업뿐만 아니라 삶의 규모 또한 완전히 바뀔 것이다. 네트워크 마케팅은 결국 상대의 꿈과 기대감을 충족시키는 데 성공의 비밀이 있기 때문이다.

설명하기 전에 완벽하게 이해하라

사업설명회를 성공적으로 이끌고 싶다면, 자신이 소개해야 할 제품에 대해 완벽하게 이해해야 한다. 제품의 특성과 우수성은 물론이고 그 제품이 어떻게 만들어졌는지 생산 배경과 생산과정, 생산라인까지 속속들이 알 필요가 있다.

하지만 무엇보다도 중요한 것은 자신이 소개하는 물건에 대한 진심어린 믿음이다. 스스로 믿지 않는 제품을 다른 이에게 소개하는 것은 결국 거짓말이기 때문이다.

성공적인 세일즈맨은 물건을 파는 것이 아니라 믿음을 판다. 고객을 설득하는 대신, 진실을 전달한다. 네트워크 마케팅 역시 상대에게 물건을, 사업을, 회사를, 플랜을 일방적으로 설명하고 강요하는 것이 아니라 그 일, 그 제품이 어떤지를 진솔하고 솔직하게 털어놓는 자세가 중요하다. 이때 염두에 두어야 할 것은 똑같은 설명을 들어도 사람마다 다른 생각과 해석을 한다는 점이다. 같은 물건을 보고도 A라는 사람은 그 물건을 꼭 갖고 싶다고 생각하지만 B라는 사람은 전혀 불필요하다고 생각할 수 있다. 이것은 사람의 스타일과 성격, 각자의 환경과 상황에 따라 사물을 보는 안목이 다르기 때문이다.

때문에 지식과 정보를 많이 알고 잘 설명하는 것 못지않게 중요한 것은 상대방의 입장에서 생각할 줄 아는 능력이다. 예를 들어 탁월한 성능을 가진 신제품이 출시되었을 때 어떤 사람은 제일 먼저 그 물건을 사용해보고 싶어 하지만, 또 어떤 사람은 아무리 그 물건이 뛰어나고 편리하다 할지라도 아무 관심이 없을 수도 있다.

상대방에게 제품이나 사업에 대한 내용을 전달할 때도 마찬가지이다.

사람보다 제품 자체를 중시하는 사업자의 경우, 지나친 설명이 오히려 지루한 느낌을 줄 수 있다. 반면 제품 이해보다 사람 만나는 것만 중시할 경우, 상대방이 의문을 제기하거나 반대 의견을 내놓았을 때 설득력 있게 응대하지 못하고 인정에 호소하려다 실패를 경험하기도 한다. 또 어떤 경우는 정확한 지식이나 정보를 등한시한 채 말재주로 분위기만 조성하려 들기도 한다.

결국 '균형' 이 관건이다. 요즘 사람들은 넘쳐나는 정보의 홍수 속에 살며, 꼭 이 물건이 아니라도 얼마든지 비슷한 다른 물건들을 선택할 수 있다. 단지 정에 끌려서, 언변에 속아서 주먹구구식으로 선택하지 않는다. 따라서 성공적인 사업설명회를 계획하기 위해서는 합리적이고 깊이 있는 이해, 그리고 반대 입장과 다양한 성격 특성들을 고려한 대응법을 구체적으로 준비해야 할 것이다.

이거 알아요!

시스템의 복제 이해하기

네트워크 사업의 장점 중에 하나는 성공 시스템이 복제를 거듭한다는 것이다. 경험자들이 먼저 습득한 노하우들은 그 자체로 모든 사업자들에게 도움이 된다. 난관을 극복하는 법, 사업을 확장하는 법, 사람을 대하는 방법 등 그 종류는 무한하다. 즉 열심히 배우려는 자세와 마음가짐만 있으면 얼마든지 앞선 방법을 따라하면서 실패를 줄일 수 있다.

이렇게 시스템을 배울 때는 한 가지 명심할 점이 있다. 내가 배운 노하우를 혼자만 사용하는 것이 아니라 파트너와 함께 나누겠다는 다짐이다. 또한 스스로 구체적이고 체계적인 내용을 갖는 것도 필요하다. 제품과 마케팅, 리더십과 팀워크, 봉사와 서비스정신, 경영능력 같은 전문적인 내용이 그것이다.
이 사업은 스스로 배우고, 배운 것을 행하는 모범을 보일 때, 비로소 누군가를 가르칠 수 있게 된다. 그렇게 하다 보면 사업도 성장하고 스스로도 업그레이드되어 '나'라는 1인 기업의 최고 성공자로 성장할 수 있다.

체계적인 플랜을 제시하라

사업설명회를 처음 하는 초보 사업자들은 대부분 스폰서의 방식을 참조하게 된다. 그러나 이것이 단순한 모방이어서는 안 된다. 기본적인 틀을 참조하되 자신만의 스타일에 따라 체계적이고 개성적인 방식으로 플랜을 제시할 수 있어야 한다.

이는 본인의 성격적 특성에 따라서도 달라질 수 있다. 예를 들어 내성적인 성향의 사업자라면 사업설명회 자체가 두려울 수 있다. 예상되는 모든 질문이나 돌발상황을 철저하게 준비하려다가 정작 열정을 잊어버릴 수도 있다. 이런 이들은 완벽주의적인 강박이나 실수에 대한 두려움을 내려놓고 진심을 다하는 방식을 통해 상대의 마음에 다가가야 한다.

반면 외향적인 성향의 사업자라면 제품에 대한 자신감과 열정이 넘치는 나머지 상대방의 의심이나 돌발적인 질문에 인내심을 갖지 못하는 경우도 있다. 열변을 토하는데도 상대방이 선뜻 선택하지 않는 것을 이해하지 못하는 것이다. 그러나 이런 경우엔 내 생각만 절대적으로 옳다는 사고방식을 버리고, 합리적이고 빈틈없이 정보를 전달할 수 있도록 철저히 준비할 필요가 있다.

즉 사업설명회는 제품을 알리고 플랜을 제시하는 자리지만, 그보다 중요한 건 사람과의 만남이다. 나와 다른 사람들을 통찰하고 이해하는 요령을 배운다는 자세로 진행해간다면 좀 더 즐거운 마음으로 임할 수 있을 것이다.

〈사업설명회 준비를 위한 핵심 체크리스트〉

- 제품에 대해 완벽한 지식을 가지고 있는가?
- 제품에 대한 깊은 믿음을 갖고 있는가?
- 효과적으로 전달할 수 있는 자신만의 방법으로 연습을 했는가?
- 다양한 예상 질문들을 작성하고 대비했는가?
- 다양한 성격 특성별로 대응할 방법을 준비했는가?

2

사업설명회는 어떻게 진행되는가?

사업설명회의 요령은 어떻게?

사업설명회란 간단히 말해 네트워크 사업의 구체적인 내용에 대해 전반적으로 설명하는 장으로, 네트워크 비즈니스의 성패를 좌우하는 핵심적인 기반단계라 할 수 있다.

사업자의 여건과 특성, 상황, 참석자들의 성향에 따라 소규모 모임 형식에서 대규모 행사 형식까지 다양한 형태로 진행할 수 있다. 꼭 경직된 형식에 얽매이기보다는 사람들과의 만남을 확장하는 네트워킹의 기회로 활용할 수 있다.

이때 기억해야 할 것은 참석자들 혹은 예비사업자들이 사업설명회를 통하여 뭔가를 얻어갈 수 있도록 해줘야 한다는 점이다. 굳이 시간을 내어 참석하는 사람들에게는 뭔가를 얻겠다는 기대감이 있다. 성공적인 사업설명회는 그런 다수의 기대감을 얼마나 충족시키느냐에 달려 있다.

그렇다면 어떤 방법으로 진행해야 할까? 참석자의 특성과 규모에 따라 다양하게 구성할 수 있지만 대개 다음과 같이 진행한다.

〈사업설명회의 순서 10단계〉

1. 인사말 및 주요 연설자 소개 (3~5분)
2. 제품이나 회사에 관한 시청각 자료 시청 (10~15분)
3. 최근의 사업 진행과정과 동향 설명 (5분)
4. 인생, 미래, 꿈, 비전, 생활에 대해 이야기 나누기 (25~30분)
5. 마케팅 및 비즈니스 플랜 안내 (25~30분)
6. 회사의 역사, 성장과정, 성장률 안내 (5분)
7. 스폰서십 안내 (10분)
8. 다과를 곁들이며 휴식 (필요한 경우 제품소개 병행, 10분)
9. 후속 미팅 (30분 이내)
10. 감사인사 및 다음 모임이나 행사 안내 (참고자료 배포)

〈사업설명회를 처음 개최 시 주의할 점〉

- 사업설명회의 분위기는 자연스럽고 편안하면서도 산만하지 않아야 한다.
- 실제 참석할 인원보다 두 배 정도의 사람들을 초대한다.
- 참석자들에게 날짜, 장소, 시간에 대한 안내를 2~3일 전에 반드시 한다.
- 예비사업자들의 명단은 스폰서와 사전에 공유한다.
- 지각하는 사람들을 너무 오래 기다리지 말고 시작 시간 및 마무리 시간을 엄수한다.
- 설명회 시작 전에 휴대폰을 진동으로 전환하도록 안내한다.
- 질문 시간을 뒷부분에 따로 마련하여 설명회 중간에 산만해지지 않도록 한다.

- 다과를 미리 내놓으면 분위기와 집중도가 떨어지므로 정해진 시간에 내놓는다.
- 좌석은 인원보다 조금 모자란 것처럼 내놓고, 사람들이 도착할 때 하나씩 마련한다.
- 아무리 친한 사람들이 많이 참석하거나 소규모라 하더라도 깔끔한 정장 차림을 하여 비즈니스 격식을 갖춘다.
- 예상한 것보다 참석 인원이 적더라도 동요하지 말고 설명회를 진행한다.
- 제품의 샘플, 카탈로그 등을 처음부터 나눠주면 선입견을 조성하므로 정해진 순서에 의해 내놓는다.
- 사업설명회 주최자와 참석자들 간에 편안하게 어울릴 수 있도록 하고, 처음 참석한 사람들이 거부감을 느끼지 않도록 배려한다.
- 설명회는 녹음하거나 꼼꼼히 메모하여 추후 참고자료로 삼을 수 있도록 한다.

이거 알아요!

명단을 종이 위에 작성해야 하는 이유

어떤 사업은 건물이 자산이고, 어떤 사업은 토지가 자산이다. 네트워크 사업은 '사람'이 가장 중요한 사업 자산이 된다. 이 사업을 시작했다면 가장 먼저 해야 할 일은 스폰서와 함께 내가 아는 모든 사람들의 명단을 작성하는 일이다. 이 작업은 최소 1시간 이상 신중하게 진행해야 하는데, 이 명단이야말로 사업의 기초이기 때문이다. 사업자들이 명단을 종이 위에 적지 않는 것은 쑥스럽거나 번거롭다는 등의 이유 때문이다. 하지만 명단은 이 사업의 가장 기본적인 자산인 만큼 반드시 종이 위에 작성해서 소지해야 한다. 그렇다면 왜 명단을 반드시 종이 위에 작성해야 할까?
첫째, 아는 사람을 일목요연하게 정리해 사업을 진행할 수 있기 때문이다. 또한 아는 사람을 누락시킬 위험에서도 벗어날 수 있다.

둘째, 사업계획을 설명했는지 안 했는지, 그 결과가 어떠했는지 구분해 기록할 수 있기 때문이다. 물론 이는 후속조치 때 오고간 말들을 기록하는 데도 쓰인다. 이렇게 축적된 내용은 차후 다시 한 번 시도할 때 중요한 자료가 된다.

셋째, 명단을 작성해두면 차후 사업에서 성공가도에 들어설 때 다시 한 번 사업기회를 제시할 수 있다. 비즈니스 상황은 늘 변하는 만큼 예비 사업자들을 확보해두는 것이 중요하다. 일단 관계를 맺고 나면 비단 사업 때문이 아니라도 간혹 전화를 걸거나 문자메시지를 보내는 등의 방법으로 인간적 관계를 유지하는 것이 좋다. 성공자들의 경험에 의하면 처음에는 거부하던 사람도 정기적인 연락을 취하면 그 3분의 1은 나중에 나의 파트너가 될 확률이 높다.

넷째, 세미나, 사업설명회 등에 참여할 때 수중에 명단이 있으면 같은 모임에 참가한 예비 사업자들에게 직접적으로 전화를 걸거나 연락을 취해 따로 약속을 할 수 있게 된다. 흔히 예비 사업자들은 세미나에서는 열의를 보이다가도 집에 돌아와 며칠이 지나면 시들해지는데, 이때 곧바로 연락을 취하면 약속 기회를 잡을 수 있다.

어떤 내용을 알릴 것인가?

사업설명회의 일차적인 목적은 사람들에게 제품을 소개하고 알리기 위함이지만, 단순한 제품이나 회사 소개가 유일한 목적은 아니다. 사업설명회의 가장 궁극적인 목표는 사람들에게 꿈을 찾게 해주는 것이다. 여러 현실적 제약으로 인해 자신의 꿈과 이상이 무엇이었는지 잊어버린 사람들, 지금보다 더 나은 삶을 원하는 사람들로 하여금 자신의 비전을 떠올리도록 하고, 네트워크 사업이 그들의 꿈을 어떻게 실현시켜줄 수 있는지를 알려주는 것이 사업설명회의 역할이어야 한다. 각종 모임, 세미나, 강연 등 다양한 기회를 통해 자신의 삶을 돌아보고 변화하도록 정보를 알려주고 동기부여를 하는 것이다.

따라서 성공적인 사업설명회를 위해서는 참석자들이 자연스럽게 마음을 열고 자신의 삶을 돌아볼 수 있도록 진솔하고 편안한 분위기를 조성해야 한다. 회사 및 제품 소개, 비즈니스 플랜에 대한 내용은 지나치게 장황하지 않도록 정확한 정보와 통계자료, 생생한 사례를 곁들여 신뢰감을 줄 수 있도록 전달하는 것이 중요하다.

강사가 자신의 성공담과 실패담, 최근의 사회상과 경제상황, 시사 트렌드, 직장이나 가정에서의 경험담, 유행하는 유머 이야기를 곁들인다면 집중도와 관심도를 높일 수 있다. 또한 인생의 꿈과 이상에 대한 이야기, 꿈을 이뤘을 때 무얼 하고 싶은지, 어떤 모습의 내가 되고 싶은지에 대한 이야기를 풍성하게 나눈다면 참석자와 예비사업자들도 좀 더 편안하게 집중하며 공감할 수 있을 것이다.

강요하지 말고 관심을 갖게 하라

지속적인 사업설명회 개최는 예비사업자들을 동기부여할 수 있는 매우 중요한 기회이다. 처음에는 스폰서의 도움을 받다가 차츰 독자적으로 개최할 수 있어야 한다. 사람들 앞에서 이야기할 대본을 스스로 작성해보고 원고를 소리 내어 읽으며 녹음한 뒤, 이를 들어보며 체크하는 것도 효과적이다. 이때 경험 많은 스폰서의 조언이 큰 도움이 될 것이다.

경험이 많지 않은 경우, 처음에는 의욕이 앞서거나 요령이 부족해 여러 실수를 저지를 수도 있다. 하지만 실수는 누구나 할 수 있는 것이고, 실수를 통해 발전할 수 있으므로 너무 연연할 필요는 없다. 단, 다음의 금지사항들은 반드시 지키는 것이 좋다.

〈사업설명회에서 피해야 할 것〉

- **강압적 태도** : 제품이나 사업에 대해 강요하는 태도는 거부감을 일으킨다.
- **비굴한 태도** : 사업설명회는 개최하는 사람이 아니라 참석자들을 위한 자리이다. 지나치게 비굴하게 굴거나 부탁하는 태도는 그러한 당위성을 떨어뜨린다.
- **시간 초과** : 대부분의 사업설명회는 90분을 초과하지 않도록 구성하고 정해진 시간을 지켜야 한다. 시간을 초과해 한없이 늘어지는 사업설명회는 오히려 역효과를 낳는다.
- **과장과 거짓된 내용** : 제품, 회사, 사업, 수입 등에 대해 설명할 때는 허위사실이 아닌 있는 그대로의 정보를 전달해야 한다.
- **단조롭고 지루한 진행** : 사업설명회는 지루한 수업시간이 아니다. 다채로운 시청각 자료를 동원하고, 생기 있는 말투와 태도, 주의를 환기시키는 화제를 통해 재미있고 유용한 정보 습득과 자기계발의 시간으로 만들어야 한다.
- **어렵고 권위적인 용어** : 권위적인 자세로 어려운 전문용어를 남발하면 네트워크 사업에 대한 거리감이 생긴다. 평상시 지인과 대화하는 것 같은

평이한 용어로 쉽고 친근하게 이야기하라.

- **긴장과 경직** : 사업설명회는 완벽한 모습을 과시하기 위함이 아니므로, 너무 긴장하지 말고 때로 작은 실수를 하더라도 여유롭게 넘겨야 한다.

마무리할 때는 '다음' 을 확실히 하라

사업설명회를 통해 참석자들이 다음과 같은 주제에 대해 스스로 곰곰이 생각해볼 수 있도록 여운을 남기는 것이 좋다.

- 과거의 나의 꿈은 무엇이었나? 현재의 나의 꿈은 무엇인가?
- 죽기 전에 꼭 해보고 싶은 것은 무엇인가?
- 나를 위해 무엇을 이루고 싶은가? 내 가족을 위해 무엇을 이루고 싶은가?
- 꿈이 언젠가는 이루어지기를 여전히 원하는가?
- 꿈을 이룰 수 있도록 노력하고 싶은가?
- 꿈을 이룰 수 있도록 기회와 시간을 만들고 싶은가?
- 기존의 일과 수입으로 내 꿈을 이룰 수 있는가? 꿈을 이루기 위한 대안이 있는가?

그리고 사업설명회를 마무리할 때는 그냥 작별인사로 끝내지 말고, 반드시 '다음 만남' 을 잡아두는 것이 좋다. 돌아가기 전에 제품이나 사업에 대한 간단한 자료를 나눠주어 집에 가서도 생각할 여지를 주고, 관심을 보이는 사람들은 앞으로 2일 이내에 다시 만날 약속(날짜, 시간, 장소)을 확실히 정하도록 한다.

3

가장 효과적인 사업설명회를 위해 무엇을 준비해야 하나?

① 사업설명회의 현실성 있는 목표는 무엇?

사업설명회의 본질은 의사소통, 즉 커뮤니케이션이다. 효과적인 커뮤니케이션이란 전달하고자 하는 내용이 상대방에게 확실히 각인되어, 그 결과 상대방이 생각을 행동으로 실천하도록 만드는 것이다.

네트워크 사업의 사업설명회는 거창하고 대단한 것이 아니라 효과적인 커뮤니케이션과 편안하고 인간적인 만남을 마련하기 위한 것이다. 따라서 자신의 능력과 개성을 살려 현실성 있는 목표들을 염두에 두어야 한다. 사업설명회가 추구해야 할 현실적인 목표에는 다음과 같은 것들이 있다.

첫째, 기억하게 하라

사업설명회에서 전달한 내용들이 참석자들의 뇌리에 확실히 기억되어야 한다. 아무리 열정적으로 전달하고 화려한 프리젠테이션 기법을 선

보였다 하더라도, 사업설명회가 끝나고 집에 돌아갔을 때 참석자들의 뇌리에 아무 것도 남아있지 않다면 사업설명회를 개최한 아무런 의미가 없을 것이다.

둘째, 전달하게 하라

사업설명회에서 여러 가지 이야기를 들은 참석자들이 그 이야기를 자신의 주변 사람들에게도 전달할 수 있어야 할 것이다. 사람에서 사람으로 이야기가 전달되고 정보가 확산된다면 그 파급력은 점점 더 커질 것이다.

셋째, 행동하게 하라

사업설명회가 일회성 설명회로 끝나지 않고 실질적인 행동과 결과로 나타나는 것이 중요하다. 제품, 회사, 사업에 관심을 갖게끔 하고, 궁금한 점을 질문할 수 있도록 분위기를 조성하고, 실제로 제품을 사용하거나 다음 모임에 다시 참석하는 등 행동으로 현실화되게 하는 것이 중요하다.

② 예행연습을 얼마나 해야 하는가?

무대가 익숙한 직업 강사나 전문배우가 아닌 한, 사람들 앞에서 이야기하고 설명하는 일이 처음부터 쉬운 사람은 없다. 누구나 처음에는 긴장하고 실수할 수 있다.

그러므로 예행연습은 반드시 필요하다. 예행연습은 단순히 대본을 준비하고 읽는 것이 전부가 아니다. 자신감 있는 모습과 편안한 태도로 메시지를 전달하기 위해서는 스스로가 어떤 모습, 말투, 표정을 하고 있는지를 반드시 점검해볼 필요가 있다.

아무리 다른 사람의 설명회나 강연을 많이 보았더라도, 정작 자신이 어떻게 행동하고 말하는지를 확인할 기회는 많지 않았을 것이다. 따라서 예행연습을 위해서 다음과 같이 준비해보자.

1. 녹음하기

자신의 목소리 톤, 어투, 말의 습관을 확인하기 위한 가장 좋은 방법은 연설을 녹음해서 들어보는 것이다. 목소리가 너무 낮거나 높거나 단조롭지 않은지, 책 읽는 것처럼 딱딱하게 말하지 않는지 체크한다.

2. 녹화하기

귀로 들리는 것뿐만 아니라 자신의 전체적인 모습도 확인해야 한다. 실제로 연단에 선 것처럼 연설을 하고 이것을 동영상으로 찍어서 자신의 모습을 점검하는 것이다. 시선 처리, 제스처, 손의 처리 등 머리에서 발끝까지 모습을 확인하고 불필요해 보이는 습관이 있는지 확인한다.

3. 반복하기

대본 읽는 연습을 하고, 동영상으로 녹화를 하고, 녹화한 것을 검토하는 과정을 여러 번 반복해야 한다. 동영상 속의 자신의 모습에 어느 정도 만족감이 느껴질 때까지 반복연습을 하는 것이 중요하다. 마치 청중이 된 것처럼 자신의 모습을 객관적이고 냉정하게 보고, 서툴거나 더듬지 않는지, 긴장하거나 경직되어 있지 않은지, 지루하게 말하고 있지 않은지를 체크하도록 한다.

③ 자기소개는 어떻게 할까?

사업설명회의 분위기와 전반적인 인상은 주최자가 자기소개를 할 때 반 이상 결정된다고 해도 과언이 아니다. 그만큼 자기소개 시의 첫인상이 중요하다. 참석자들은 이 설명회가 귀담아 들을 만한지 아닌지를 이미 그때 결정하는 경우가 많다.

효과적인 자기소개의 원칙은 간단하다. 첫째는 '간결함', 둘째는 '편안함' 이다.

장황하고 과시욕 가득한 자기소개 치고 믿음과 신뢰를 주는 경우는 드물다. 따라서 자기소개를 할 때는 간결하고 짤막하여 귀에 잘 들어오는 한두 문장으로 압축해야 한다. 청중의 숫자가 많은 사업설명회에서 연단에 올라 자기소개를 할 때도 최대 1분을 넘기지 않는 것이 좋다. 자기소개가 그보다 길어지면 마치 자랑하는 것처럼 비춰질 수 있다. 필요한 경우 자신의 핵심적이고 간략한 이력을 담은 프로필이 적힌 소개문을 미리 나눠주는 것도 좋은 방법이다.

자신감과 여유가 있는 사람일수록 자기소개를 할 때도 그 자신감과 여유가 드러난다. 당당하면서도 편안하게 자신을 소개하는 사람은 절로 믿음이 간다. 사람들은 그러한 믿음이 느껴지는 사람의 말을 귀담아 들으려 하며, 이러한 신뢰감은 2시간 가까이 진행될 사업설명회의 집중도를 높여준다.

④ 청중의 호응을 얻으려면 어떻게 할까?

사업설명회를 할 때 청중의 호응을 잘 유도하는 사람들에는 공통점이 있다. 그것은 화려한 언변이나 달변, 실수 없는 완벽한 연설이 아니라 모든 이야기의 중심을 청중들에게 두는 습관이다. '당신들을 위한 자리, 당신들의 이야기' 라는 메시지를 전달하는 것이다.

반면 청중의 호응을 얻지 못하는 사람은 모든 이야기의 중심을 자신에게 둔다. '나를 위한 자리, 나의 이야기, 나의 훌륭함을 알리는 무대' 라는 메시지를 전달하면 청중은 그의 이야기에 관심을 갖지 않는다.

단 한 명에게 이야기를 하건, 수백 명을 앞에 두고 이야기를 하건, 그 이야기가 아무리 가치 있고 흥미로운 정보를 담고 있다 할지라도, 그 이야기를 들을지 말지를 결정하는 선택권은 듣는 사람들에게 있다. 즉 설명회에서는 연설을 하는 사람이 주인공 같지만 사실은 듣는 사람들이 주인공이 되어야 한다.

따라서 꼭 달변이 아니더라도 '당신들이 주인공입니다.' 라는 메시지를 전달할 수 있어야 한다. 그러한 메시지가 진심으로 전달될 때 청중은 몸을 일으켜 경청하며 그 내용을 기억하려 한다. 다음은 청중을 주인공으로 만드는 사업설명을 위해 만들어진 수칙들이다.

〈청중의 호응을 유도하는 설명회의 필수요소〉

- **아이 컨택** : 허공을 보며 연설하지 말고 되도록 한 사람 한 사람과 시선을 교환하라.
- **관심을 보이는 몸의 언어** : 청중을 향해 몸을 앞으로 살짝 기울여라.
- **흥밋거리** : 누구나 관심을 가질 만한 화제로 서두를 열어라.
- **질문** : 일방적으로 연설하지 말고 이따금 청중 전체에게, 혹은 한두 사람을 지목하여 질문을 던져라.
- **물리적 거리** : 대규모 사업설명회인 경우, 가끔씩 연단에서 내려와 사람들 사이사이를 돌아다니면 물리적 거리를 좁히고 시선을 집중시키는 효과가 있다.
- **관찰** : 하품, 몸을 기대거나 꼬는 것 등 청중의 작은 행동들을 관찰하여 연설이 늘어지거나 지루해지지 않았는지 점검한다.
- **메모하기** : 중요한 질문이나 의미 있는 반응이 나올 때는 진지하게 귀 기울이며 티 나지 않게 메모를 해둔다.

⑤ 유머를 활용하는 요령은?

모든 종류의 연설이나 대중 강연에서 유머러스한 화두는 긴장을 풀어주고 분위기를 부드럽게 만들며 주의를 환기시키는 효과가 있다. 사업설명회에서도 마찬가지다. 적절한 유머는 설명의 집중도를 높여주고, 호감도를 상승시키며, 열린 마음으로 설명을 받아들일 수 있게 해준다.

하지만 유머는 잘못 사용하면 오히려 분위기를 어색하게 만들거나 본의 아니게 불쾌감을 줄 수도 있다. 또 유머를 과하게 사용하여 사람들을 웃게 만들겠다는 강박은 설명회의 진정성을 떨어뜨릴 수도 있다.

유머는 내용 전달의 효과를 높이고 분위기를 전환하는 작은 도구여야 한다. 유머를 제대로 활용하기 위해서는 다음의 사항들을 기억해두자.

〈유머 효과를 높이기 위해 꼭 기억해둘 것〉

- 코미디언이 되려 하지 말라. 유머는 윤활유 역할을 하는 것이지 그 자체가 중심이 되어서는 안 된다. 일부러 웃기려고 애를 쓰는 것처럼 보여서는 안 된다.
- 유행 지난 유머를 구사하지 말라. 유머나 유행어는 금방 바뀐다. 아무리 자신은 재미있는 유머라고 생각할지라도 유행이 지난 해묵은 유머를 사용하면 오히려 분위기를 그르친다.
- 누군가에게 불쾌감을 줄 수 있는 유머가 아닌지 재확인하라. 성별, 계층, 외모, 장애를 비하하는 종류의 유머는 무신경하고 저급하게 비춰질 수 있다.
- 웃음을 강요하지 말라. "제가 웃긴 이야기를 해드리겠습니다."라고 예고하는 유머치고 정말 재미있는 유머는 드물다. 유머는 아무도 예상하지 못한 타이밍에 청중의 긴장을 풀어주고 분위기를 부드럽게 만들기 위함이다.
- 청중이 웃지 않았다고 해서 당황하지 말라. 유머를 재미있게 느끼고 웃을지 말지 하는 것은 청중이 결정하는 것이다. 청중이 웃지 않았다 하더라도 여유롭게 넘어가되, 호응을 유발하지 못하는 유머는 다음 사업설명회 때는 지양하도록 한다.
- 경험에서 우러나오는 자신만의 이야기로 웃음을 유발하라. 유머 책이나 코미디 프로그램에서 베껴온 것이 아닌, 자신의 생활이나 경험에서 유발된 실수담이나 농담을 활용한다면 청중에게 신선한 느낌을 줄 것이다. 또한 자신을 웃음의 주제로 삼을 만큼 유연하고 인간적인 사람으로 보이게 해주는 효과가 있다.

⑥ 인상 깊은 사업설명회를 하려면?

사업설명회 경험이 많지 않은 사업자들은 대개 말을 더듬지 않거나 실수하지 않는 것에만 초점을 맞춘다. 하지만 성공적인 사업설명회의 중요한 요건은 어떤 인상을 남겼느냐다. 그런 면에서 실패한 사업설명회란 참석자들에게 아무런 인상도 남기지 못한 설명회일 것이다. 지나치게 강요적인 설명회, 참석자들을 고압적으로 가르치거나 계몽하려 드는 설명회는 거부감을 불러일으켜 부정적 인상을 남긴다. 또한 이 못지않게 주의해야 할 것이 바로 '기억에 남지 않는' 사업설명회이다.

아무리 빈틈없고 완벽하게 내용을 전달했다 할지라도 참석자들이 돌아가서 그 내용이 뇌리에 남지 않거나 마음속에서 뭔가가 맴돌지 않는다면 그 설명회는 의미가 없다. 다양한 테크닉, 노련한 스피치 같은 형식적인 화려함만 떠오를 뿐 핵심 메시지가 마음에 남지 않는다면 그 사업설명회는 애초의 목적을 잃어버린 것일 수 있다. 아무리 어려운 정보와 지식을 많이 전달했다 하더라도 그 전문적인 내용들 자체는 참석자들에게 그리 중요하지 않을 수도 있는 것이다.

훌륭한 사업설명회는 열정적이고, 활력적이며, 긍정적인 인상을 준다. 뜨거운 에너지로 가득하며, 그 에너지가 오랜 시간 지속된다. 이러한 사업설명회를 접한 사람들은 90분 가량의 설명회가 끝나고 돌아가서도 자기가 들은 내용에 대해, 그리고 자신의 지금의 삶과 앞으로의 꿈에 대해 깊이 생각해보게 된다.

인상 깊은 사업설명회를 하려면 얼마나 완벽하게가 아니라 얼마나 진심을 전달할 것인가에 주력해야 한다. 오래 기억되는 사업설명회의 요건으로 다음과 같은 점들을 기억해두자.

〈인상 깊은 사업설명회의 특징〉

- 남과 다른 독특하고 창의적인 개성이 담긴 사업설명회.
- 자신만의 눈물겨운 경험담과 성공스토리를 녹여낸 사업설명회.
- 주최자나 연설자가 아니라 참석자가 주인공이 되어 적극 질문하고 참여할 수 있게 하는 사업설명회.
- 조금 서툴더라도 인간미가 넘치는 사업설명회.
- 많은 내용보다는 핵심적이고 강력한 하나의 메시지를 전달할 수 있는 사업설명회.
- 시청각 자료, 슬라이드 등을 다양하게 준비하여 지루하지 않은 사업설명회.

⑦ 사업설명회에서 태도의 역할은?

명연설로 기억되는 세계적인 위인들, 프리젠테이션의 달인들, 대중연설전문가들에게는 공통점이 있다. 그들의 연설 스타일과 연설을 잘하게 된 계기는 저마다 다르지만, '지금 이 순간, 당신들을 향해 진심으로 호소하고 있다.' 는 메시지를 온 힘을 다해 전한다는 점에서는 한결같다.

사람들 중에는 대중 앞에서 말하거나 발표하는 것을 좋아하고 잘하는 사람이 있는 반면, 그렇지 않은 사람도 있다. 사람들 앞에 나서는 게 즐거운 사람이 있는 반면, 부담과 긴장의 연속인 사람도 있다. 하지만 훌륭한 연설가는 타고난 성격이나 적성으로 만들어지는 것이 아니다. 오히려 눌변이고 말주변이 부족하고 대중 공포증이 있는 사람이 뛰어난 연설을 하는 경우도 많다. 왜냐하면 연설이나 발표는 연습과 훈련만 잘해도 단기간에 발전시킬 수 있는 능력이기 때문이다.

특히 네트워크 사업 사업설명회에서 중요한 건 능력이 아닌 '태도' 이다. 긍정적이고 적극적인 태도만 있다면 그 속에서 우러나오는 진심이 분명히 참석자들에게 전달될 수 있다. 오늘 만난 인연을 소중히 여기는 태도, 상대와 소통하는 순간을 즐거워하는 태도, 열심히 최선을 다하는 태도가 사업설명회의 성패를 좌우한다. 이런 태도가 참석자와 청중에게 가장 큰 영향을 끼친다. 비록 부족하더라도, 부족해 보일까 전전긍긍하는 사람보다는 '나는 완벽하지는 않지만 오늘의 사업설명회가 기쁘고 즐겁습니다.' 라는 태도만 갖춘다면 참석자들에게 더 많은 에너지를 전달할 수 있다.

사람은 입으로는 거짓을 말할 수 있어도, 마음가짐과 태도로는 거짓말을 못한다. 그리고 긍정적인 태도는 그 자리에 참석한 다른 사람들에게 자연스럽게 전파된다. 성공을 믿는다는 태도, 비즈니스를 즐겁게 진행하고 있다는 태도, 함께 목표를 달성하고 싶다는 태도를 갖춘다면 누구나 성공적인 사업설명회를 할 수 있다.

⑧ 연설의 타고난 재능이 있는 것일까?

프로 운동선수가 되려면 재능이 필요하다. 뛰어난 연주자나 예술가 중에도 어렸을 때부터 놀라운 재능을 보인 '신동' 들이 있다. 이처럼 타고난 재능이 필수 요건인 분야들도 있다. 때로는 노력만으로 타고난 재능을 따라잡지 못하는 경우도 있다.

그러나 연설이나 발표, 말하기 기술은 특출한 재능을 요하는 일이 아니다. 요령을 모르고 시도할 기회가 없었던 것일 뿐, 집중적으로 훈련하면 누구나 빠른 시간 동안 익힐 수 있는 것이 연설과 발표 능력이다. 한 예로 적잖은 명연설가들이 어린 시절에는 말더듬증으로 고생하거나 대인공포증을 겪었다. 그럼에도 그들이 명연설가로 기억될 수 있었던 것은 순전히 노력을 통해 단점을 극복했기 때문이다.

하물며 사업설명회는 완벽한 연설 능력을 보여주기 위한 자리가 아니다. 사람들은 당신이 말을 잘하는지 아닌지 구경하려고 설명회에 참석한 게 아니다. 따라서 말재주가 뛰어나거나 연설 능력이 훌륭하지 않다고 처음부터 걱정할 필요는 없다. 좋은 사업설명회란 이미 자신이 가진 좋은 장점과 에너지를 끄집어내고 전달하는 것이기 때문이다.

연설에 대한 두려움은 어찌 보면 긴장에 대한 두려움이다. 그 두려움을 극복하려면 '어떻게 하면 완벽할까?'를 고민하지 말고 진심을 있는 그대로 전달하겠다는 마음을 가져야 한다. 예행연습을 충분히 하되 진심과 열정의 태도만 잃지 않으면 된다. 그것만으로도 당신은 훌륭한 사업설명회를 진행할 자질을 충분히 갖춘 것과 다름없다.

이거 알아요!

말을 더듬어도 성공한 리더가 될 수 있다

역사에 남은 훌륭한 위인들은 흔히 그 자질을 타고났다고 여겨진다. 그러나 겉모습만으로 판단하는 것은 속단이다. 영국 국왕 조지 6세가 리더와는 거리가 먼 성격에 말더듬 증으로 오랜 세월 고통 받았던 것처럼, 위대한 족적을 남긴 다른 수많은 사람들도 그 이면에 무수한 상처와 실패의 경험들을 지니고 있다.

2차 세계대전의 승리에 큰 역할을 한 영국 총리 윈스턴 처칠도 그랬다. 언어치료사의 치료를 받을 정도는 아니었지만, 그에게도 말을 더듬는 증상이 있었기에 정치가로서는 약점이 아닐 수 없었다. 그러나 그는 '로마제국 흥망사' 를 수차례 베껴 써가며 말하기 연습을 한 끝에 그 약점을 극복할 수 있었다.

4

성공적인 사업설명회의 비밀

① 만남을 위해 준비해야 할 것

새롭고 다양한 사람들과 만나기 위해서는 무엇을 준비해야 할까?

첫 번째는 부드럽고 유연한 대화 요령과 인사말이다. 네트워크 마케팅을 통해 만나게 되는 사람들은 기존에 알던 사람들일 수도 있지만 전혀 모르는 사람들일 수도 있으며, 직업이나 성향, 개성도 각기 다양하다. 따라서 사업과 제품에 대한 흥미를 자연스럽게 유발하면서도 과하지 않은 방식으로 대화를 풀어나가는 것이 좋다.

첫 대화에서 다음과 같이 서두를 연다면 큰 무리 없이 비즈니스에 대한 이야기를 연결시킬 수 있다.

〈서두를 여는 비즈니스 대화법〉

"당신이 관심을 보일만 한 비즈니스 관련 정보가 있습니다."

"저는 요즘 새로운 일을 하느라 살맛납니다."

"제가 일하는 분야는 21세기에 적합한 차세대 유통분야랍니다."

"이 분야는 지금까지 알고 계시던 사업과는 이런 점에 있어서 다른 것 같아요."

"노력한 만큼 수입을 올릴 수 있는 사업입니다."

"능력껏 돈을 벌고 싶고 성공하고 싶어 하는 당신에게 적합한 사업인 것 같은데요."

"이 회사에서 개최하는 강연(세미나, 설명회)에 참석해서 정확하고 구체적인 정보를 알아보시지 않겠습니까?"

〈이런 대화는 피하라〉

- 처음부터 다짜고짜 회사에 대해서만 언급하는 대화
- 사업설명회 참석을 집요하게 요구하는 대화
- 사실이 아닌 것을 꾸며서 말하는 대화
- 실제보다 과장해서 말하는 대화

② 가장 친한 친구와 지인을 초대하는 방법

예비사업자들을 초대할 때 처음에는 친한 친구나 평소 잘 알고 지내던 지인에게 연락을 하는 경우가 많다. 그들은 내 이야기에 귀 기울일 가능성이 높기 때문이다. 그러나 편한 상대라고 무작정 사업설명회 참석을 강요하는 것은 오히려 역효과를 불러일으킬 수 있다. 그 사람의 현재 상황에 대한 이해와 관심을 먼저 보이고, 이것을 자연스럽게 초대의 기회로 연결하는 것이 좋다. 친구나 지인을 초대할 때는 다음과 같은 사항들을 염두에 두자.

〈친구나 지인을 초대할 때의 포인트〉

1. 경제적 가치

가까운 친구나 지인이라면, 각자의 경제적인 상황이나 어려움에 대한 고민을 상담하거나 조언을 하는 데 부담이 적다. 따라서 사업을 소개할 때도 상대방의 경제적 현황을 고려하는 것이 좋다. 현재의 수입에 추가하여 부가적인 수입을 올리고 싶은지, 현재 파산이나 빚으로 인해 경제적으로 어려운 형편인지, 자녀 교육비나 생활비 때문에 어려운 부분이 있는지, 자신이나 배우자의 직업이 불안정하거나 실직 위기가 있는지 등등을 고려하여 그 사람에게 적합한 해결책이 있음을 알려주도록 한다.

2. 시간적 가치

네트워크 마케팅은 출퇴근하는 여느 직장처럼 시간에 얽매이는 사업이 아니므로 개인의 여유 시간을 최대한 활용할 수 있다는 점을 알려준다. 기존에 하던 일을 계속하면서도 할 수 있고, 현재 구직 중이거나 자녀가 어느 정도 성장해 자투리 시간을 생산적으로 활용할 방법을 찾고 있는 경우 등 각자의 상황에 따라 안내한다.

3. 미래적 가치

일확천금이 아니라 노력한 만큼의 수입을 올릴 수 있는 사업임을 알려준다. 네트워크 마케팅은 21세기형 유통산업으로서 미래적 가치가 있는 비즈니스라는 정보를 정확히 안내하고, 경력이나 전문지식, 많은 자본 없이도 누구나 시작할 수 있는 일이라는 점 또한 자세히 설명해주는 것이 좋다. 만약 이전에 다른 직종이나 사업을 통해 열심히 일해 온 사람이라면 그러한 열정과 성실성을 발휘할 수 있는 적절한 장이며, 꿈꾸는 미래를 더 빠른 시간에 실현시킬 수 있는 비전 있는 비즈니스임을 알려준다.

③ 모르는 사람과 전화상으로 컨택하는 방법

평소 잘 알고 지내던 사람을 초대하는 경우도 있지만 때로는 별로 친하지 않거나 전혀 모르는 사람을 찾아내고 초대해야 하는 경우도 있다. 친한 사람을 초대하는 것에 비해 쉽지 않게 느껴질 수도 있지만 그만큼 새로운 인연을 만들며 더 큰 보람을 느낄 수 있다.

입장을 바꿔 생각해보면, 잘 알지도 못하는 사람이 갑자기 다가와 너무 많은 새로운 정보를 전달하려 든다면 거부감과 의심부터 들 것이다. 따라서 한꺼번에 정보를 알려줘야 한다는 성급함을 버리고, 상대방이 자연스럽게 나의 생활과 일에 대해 먼저 관심을 갖게끔 하는 여유로운 자세를 갖는 것이 좋다.

겨우 안면만 있는 정도이거나 잘 모르는 사람을 초대할 때는 다음과 같은 태도를 염두에 두고 다가가는 것이 좋다.

〈모르는 사람에게 컨택할 때의 포인트〉

1. 긍정적인 이미지

평소에 늘 밝은 표정으로 먼저 인사를 건네며 긍정적인 이미지를 주는 것은 모든 인간관계의 시작에서 매우 중요하다.

2. 공통의 관심사

거주하는 동네, 비슷한 또래의 자녀, 하는 일, 취미활동 같은 공통의 관심사는 사람과 사람의 벽을 허물고 인간적인 유대를 맺게 하는 데 최적의 도구이다. 공통의 관심사를 통해 편안하고 자연스럽게 대화를 나누고 어느 정도 대화의 물꼬가 트였다면 사업에 대한 이야기를 나눌 수 있을 것이다.

3. 편안한 대화

나의 생활과 하는 일에 대해 먼저 소개하고 개방한다면 상대방도 자연스럽게 관심을 갖게 될 것이다. "여유 시간을 활용하여 수입을 올릴 수 있는 사업" 이나 "일한 만큼 얻어갈 수 있는 일", "취미와 여가를 즐기면서도 시간을 활용할 수 있는 사업" 에 대해 부드럽고 유연한 태도로 이야기를 한다.

〈전화를 통해 컨택할 때 주의점〉

깊이 있는 이야기를 나누고 사업설명회에까지 초대하려면 전화 컨택은 한계가 있다. 전화통화 시에는 만날 약속 시간과 장소를 정하거나 사업설명회 일시, 장소를 안내해주는 정도로만 이야기하는 것이 좋으며, 장황하게 사업설명은 하지 않도록 한다. 즉 전화 컨택 시에는 최대한 간략한 핵심만 전달하고 짧게 통화하는 것이 좋다. 무엇보다도 기본적인 전화 에티켓을 반드시 숙지하도록 한다.

- 어떤 이야기를 할 것인지를 전화 걸기 전에 미리 써서 연습한다.
- 전화를 걸었을 때 상대방이 지금 통화를 할 수 있는 상황인지를 먼저 확인하고 양해를 구한다. 통화가 어렵다고 할 때는 다음에 통화할 수 있는 시간을 확인하고 그때 전화를 걸겠다고 말해준다.
- 통화 시간은 길어도 3분을 넘기지 않도록 한다.
- "2분 정도 통화가 가능하십니까?" 와 같이 통화 제한시간을 먼저 알려주어 상대방이 의아해하거나 불안해하지 않도록 배려한다.

- 이러이러한 이야기를 하기 위해 전화를 걸었다는 용건부터 먼저 알린다.
- 최근 안부를 통해 상대방의 주된 관심사나 현재 상황을 대략적으로 파악하고 그것을 사업에 대한 관심사로 연결시킨다.
- 사업설명회에 초대하거나 미팅 약속을 잡기 위해 강박적으로 강요하거나 비굴한 태도로 요구하지 않는다.
- 일방적으로 내 말을 하지 말고 주로 상대방의 이야기를 듣도록 한다.
- 통화를 마무리할 때 반드시 만날 약속을 정한다.
- 만날 약속을 잡을 때는 "언제 시간 되세요?"와 같이 막연하게 묻는 것이 아니라 "다음 주 화요일과 목요일 중 언제가 좋으세요?"와 같이 정확한 선택권을 주고 상대방이 결정하게끔 한다.

④ 온라인과 오프라인을 통해 초대한다

세일즈와 관련한 전통적인 리크루팅 성공 기법 중에 가장 중요한 것으로 손꼽히는 것이 있다. 바로 오프라인과 온라인을 통한 지속적인 연락 취하기이다.

세일즈 전문가들 중에는 리크루팅 대상자들에게 1주일에 1회 정도로 정기적으로 DM이나 이메일을 발송하는 사람들이 많다. 꾸준히 오는 유익한 내용의 우편물이나 이메일은 궁극적으로 '나는 당신을 기억하고 있으며 관심을 갖고 있습니다.'라는 호의와 관심의 메시지이기 때문이다. 물론 상대방이 한 번 보고 버릴 수도 있으니 별 것 아닌 것처럼 보일 수도 있지만 실제로 이메일을 꾸준히 받은 결과 본격적으로 사업 활동에 뛰어드는 사례가 적지 않다.

이때는 오프라인과 온라인을 함께 활용하는 것이 좋다. 리크루팅을 활성화시키기 위해서는 다채로운 경로를 동원해야 한다. 예전에는 발로 뛰거나 전화를 걸고 우편을 보내는 것이 컨택의 전부였다면, 요즘에는 각종 온라인 채널들이 애용되고 있다. 이메일, 문자메시지, 여러 종류의 SNS를 통해 리크루팅 대상자들과 접촉하고 초대할 수 있다.

⑤ IT 도구를 활용하는 방법

지금은 명실상부한 디지털 시대이다. 인류 역사상 가장 진화한 최첨단 IT 도구들이 발전하여 예전에 없던 경로로 사람들을 만나고 무한한 네트워크를 형성할 수 있게 되었다. 이러한 기술적 진보는 네트워크 마케팅의 대상자를 찾고 예비사업자에게 컨택하고 리크루팅하는 방식을 진화시키고 있다. 발로 뛰고 만나러 가고 직접 설득하는 아날로그 방식도 물론 중요하고 기본적인 리크루팅 방식이다. 그러나 여기에 다양한 디지털 IT 도구를 추가한다면 활동영역과 컨택 범위가 넓어질 수 있다. 지금의 IT 도구들을 잘 활용하면 리크루팅 대상자에 대한 정보 관리는 물론, 빠르고 친근한 방법으로 친분을 쌓을 수 있다. 디지털 시대에는 리크루팅 방식도 디지털적으로 이뤄진다는 점을 기억하자. 리크루팅 대상자의 명단과 정보를 컴퓨터에 입력해 데이터를 관리할 수도 있고, 각 대상자에게 언제 어떻게 컨택했는지 구체적인 내용들을 기록해 데이터베이스도 만들 수 있다.

예를 들어 이메일로 유익한 자료를 보내거나 문자메시지, SNS로 안부인사를 보내고, 페이스북, 트위터, 블로그 등의 다양한 소통 통로를 통해 친분을 쌓으며 정보를 활발히 공유하면 더욱 효과적이다.

이거 알아요!

시대가 원하는 사업이란?

어떤 사업 설명회를 가보면, 사업이 탄생한 배경 지식은 언급도 않고, 무조건 하면 성공한다고 역설한다. 그러나 모든 사업 성공은 결국 시대 읽기와 관련이 있는 만큼 시기를 잘 타야 한다.

지금 네트워크 마케팅이 요구 받는 이유도 시대가 원하기 때문이다. 만일 앞으로 100년 후, 또는 과거 100년 전에 네트워크 마케팅이 등장했다면 아마 지금과 같은 급성장을 거듭하기 어려웠을 것이다.

따라서 이 사업을 준비하려 한다면 그 전에 많은 경험을 가진 이들을 통해 네트워크 사업의 장점과 단점, 시대 속에서 이 사업이 어떤 의미를 지니는지, 어떤 흐름으로 성장 기회를 잡을 수 있는지 등을 파악해 둘 필요가 있다.

예를 들어 누군가 "당신은 성공을 꿈꾸고 있는가?"라며 물으면 아마 다들 그렇다고 말할 것이다. 하지만 "성공을 위하여 당신은 무엇을 알고, 어떻게 움직이고 있는가?"라고 물으면 꿀 먹은 벙어리가 되는 사람이 많다. 대부분은 그저 부자가 되고 싶다는 막연한 희망만 언급한다.

할 수 있다는 자신감도 중요하지만 결국 자신감은 시대의 변화를 읽을 수 있는 능력에서 나온다는 점을 기억하고, 다양한 책과 강의, 세미나 등을 통해 이 사업에 대한 다양한 지식을 습득하도록 하자.

5

제대로 초대하는 노하우

초대하기 전에 친구가 돼라

'내 영역으로 새로운 사람들을 초대하는 이유는 무엇일까?'

비즈니스의 측면 이전에 초대의 근본적인 목적을 상기해보자. 우리가 사람들을 초대하는 이유는 그들이 내 성공 수단이어서가 아니라 그들과 더 멋진 인생, 더 나은 인생을 함께 하고 싶어서이다. 내가 소중히 여기는 사람들과 함께 사업에 뛰어들어 서로 좋은 영향력을 끼치기 위해서이다. 당신이 이 사업을 시작한 이유도 단순히 수입 때문만은 아니었을 것이다. 물론 수입도 중요하지만 그 밑에는 미래에 대한 희망과 자기계발에 대한 열정이 깔려있었을 것이다. 이러한 열정을 바탕으로 사회적인 인정, 가족과의 화목, 인간으로서의 자유와 여유를 만끽하고 싶었을 것이다.

사람을 초대할 때도 이러한 점들을 염두에 두어야 한다. 이때 열정을 가로막는 가장 큰 방해물은 의심과 두려움이다. 모든 사람은 새로운 것을 두려워하고 기존의 세계에 머무르려는 습성이 있다. 그러나 시도하지 않고 행동하지 않고 움직이지 않는다면 아무 것도 바뀌지 않는다.

꿈을 막는 가장 주된 장애물은 의심이다. 예비사업자를 초대할 때 그들의 꿈을 막는 가장 큰 장애물도 바로 두려움과 의심이다. 그것은 사람과 사람의 관계를 가로막는 벽이기도 하다. 처음 컨택을 할 때 당신을 위축시키는 것도 바로 두려움이다.

소개하기 전에 '소개할 만한 사람' 이 먼저 돼라

두려움을 극복하고 의심의 장벽을 허물어뜨리는 가장 좋은 방법은 사업 초대 '기법' 을 연구하는 것이 아니라, 상대에게 믿음을 주는 '친구' 가 되는 것이다. 사람에게 접근하는 방식 자체를 바꾸는 것이다. 무작정 사업을 소개하거나 제안하겠다며 다가가지 말고 생각을 공유하는 친구로서 대화를 나눌 수 있는 상대가 되어야 한다.

다짜고짜 사업이나 제품 이야기부터 꺼내지 말고, 다음과 같은 생각의 여지를 상대방에게 남겨주는 것으로 시작하자.

"당신은 5년 후, 10년 후에 어떤 모습으로 살고 있을 것 같나요?"
"지금의 일이나 생활에 얼마나 만족하십니까? "
"지금 하는 일은 언제까지 계속할 예정인가요? "
"현재의 수입이 만족스러우신가요? "
"당신의 경험과 장점을 활용할 수 있는 비즈니스 정보를 알아보실 의향이 있나요?"

성공적인 초대를 위한 가장 강력한 전략은 기발한 기법이나 교묘한 언변이 아니라 당신 스스로 '소개할 만한 사람' 즉 '믿음이 가는 사람' 이 되는 것이다. 믿음이 가는 사람이란 전문적 지식과 소양을 갖추었음에도 친근하고 인간적이며 편안함을 주는 사람이다.

당신의 사업에 다른 사람들이 자연스레 관심을 갖게 하려면, 믿음직하고 성실하며 전문적이고 당당한 모습을 보여주자. 당신이 다른 사람들의 성공을 복제하고 있듯이, 다른 사람들이 당신의 성공을 복제하도록 하는 것이다.

아무리 화려한 경력을 자랑하고 능력이 뛰어나더라도 성공적인 비즈니스에서 가장 기본은 인간으로서의 믿음이다. 긍정과 열정을 잃지 않는 사람, 먼저 타인에게 감사하는 사람, 밝은 에너지를 주는 사람, 신뢰 있는 말을 하는 사람, 꿈을 다른 사람들에게 나눠줄 수 있는 사람이 되자.

운명에 끌려가는 사람이 아니라 운명을 끌고 가는 사람, 꿈을 성취할 수 있다는 확신을 가지고 타인에게 좋은 영향력을 끼치는 사람이 되는 것이야말로 성공적인 초대의 가장 중요한 노하우이다.

〈초대할 때 이것만은 절대로 피하라〉

- 상대방의 상황을 고려하지 않는 태도

지금 상대방이 전화를 받기 어려운 타이밍이거나 바쁜 일에 쫓기고 있다면 짧은 통화나 대화조차 성가실 것이다. 좋은 내용이 효과적으로 전달되려면 상대방이 어떤 상황에 처했는지를 제일 먼저 고려해야 한다.

- 자료나 샘플을 일방적으로 너무 많이 안겨주는 것

좋은 정보가 담긴 자료나 제품의 샘플은 회사나 제품에 대해 궁금증을 갖고 있는 사람에게 말보다 더 효과적이다. 그러나 아무 관심이 없는 사람에게 자료나 제품을 많이 보내는 것은 오히려 아무런 효과가 없을 수도 있다. 자료나 샘플을 보낼 때는 상대방이 적절한 관심을 갖기 시작하는 타이밍이어야 한다.

- 설교하듯이 길고 장황하게 이야기를 늘어놓는 것

비즈니스 대화나 초대 목적 대화는 짧고 간결해야 한다. 대화를 시작할 때는 목적을 분명히 알리고 용건만 간단히 하도록 한다. 또한 상대방을 가르치듯이 장황하게 이야기하지 말고, 상대방이 관심을 가질 만한 주제나 혜택을 먼저 제시함으로써 자연스레 흥미를 이끌어낼 수 있어야 한다.

TIP

초대에 적합한 사람

리크루팅 대상자 및 사업설명회에 초대하기 적합한 사람들에게는 다음과 같은 특성이 있다. 즉 다음과 같은 특성을 가진 사람들을 우선적으로 초대하고 소개하는 것이 효과적이다.

- 성격이 긍정적이고 진취적인 사람
- 모든 일에 적극적인 사람
- 새로운 것을 열린 마음으로 받아들이며 귀 기울이는 사람
- 꾸준한 자기계발과 지속적인 자기발전을 이루고 싶어 하는 사람
- 새로운 정보를 얻고 새로운 지식을 배우는 것을 즐기는 사람
- 현재에 안주하지 않으려는 사람

- 지금과 다른 미래를 꿈꾸는 사람
- 과거보다 미래를 지향하는 사람
- 더 높은 곳으로의 성공을 바라는 사람
- 다른 사람이나 가족에게 기대지 않고 스스로의 힘으로 자립하려는 의지가 있는 사람
- 자기만의 사업을 하고 싶은 사람
- 자신의 능력을 발휘하여 그에 합당한 대가를 얻고 싶어 하는 사람
- 지금보다 큰 집, 큰 차, 더 나은 생활환경을 원하는 사람
- 일의 가치를 중시하면서도 풍요로운 삶을 꿈꾸는 사람
- 가족애가 강하고 가족과 자녀를 위해 최선을 다하려는 사람
- 배우자에게 지금보다 더 보탬이 되어주고 싶은 바램이 있는 사람
- 직종을 불문하고 직장생활이나 사업 경험이 있는 사람
- 사업에서 실패의 쓴맛을 경험한 적 있는 사람
- 사람과의 만남과 인연을 중시하는 사람
- 정직하고 성실하며 허황된 욕심을 부리지 않는 사람

6

거절당하지 않고 사업을 전달하는 7가지 전략

① 나의 흥미가 아닌 상대방의 흥미를 우선시하라

네트워크 마케팅을 잘 알지 못하는 사람을 대할 때는 처음에 어떻게 접근하느냐가 매우 중요하다. 당신의 첫 분위기와 인상이 이후 결실을 결정짓는다 해도 과언이 아니다. 또한 이 과정에서 내 이야기를 거부하거나 초대를 거절하는 경우가 수궁보다 많을 수 있음을 알아두어야 한다. 상대방에게 단번에 거절당하는 사업 전달 방식에는 다음과 같은 유형이 있다.

- 닥치고 소개하는 유형

: "우리 회사는 말이죠... 이 제품이 얼마나 좋냐하면..."

→ 내가 아무리 좋은 마음으로 좋은 정보를 이야기해도 상대방은 '그게 나와 무슨 상관인가?' 라고 생각한다.

- 호구조사 유형

: "지금 하는 일로 얼마 버세요? 지금 쓰는 제품은 어디 거예요?"

→ 상대방의 사적인 부분을 캐묻는 듯한 인상을 주어 거부감을 심어준다.

- 스토커 유형

: "언제 시간 되세요? 내일 찾아가도 될까요?"

→ 다짜고짜 일방적으로 만나달라는 요구는 오히려 당신을 '기피 대상'으로 만들 가능성이 높다. 상대방은 굳이 당신을 만나줘야 필요가 없다.

그렇다면 어떻게 해야 상대방의 거절을 유발하지 않고, 자연스럽게 상대의 관심을 유도할 수 있을까? 그 핵심은 '상대방의 입장'에서 '상대방의 입장'을 먼저 고려하는 데 있다.

아주 친밀한 사이가 아니면 사실 상대가 내 생각과 흥미를 절로 공감하고 알아주지는 않는다. 내게는 아무리 중요하고 흥미로우며 도움 되는 정보라 할지라도 상대방에게는 전혀 관심의 대상이 아닐 수도 있다. 상대방은 자신이 모르는 회사나 제품에 대해 굳이 알아야 할 까닭이 없는 것이다.

② 상대방에게 인내심을 요구하지 마라

사업을 전달하거나 사업설명회에 초대할 때 대부분의 사업자들은 자신이 상대방에게 유익한 정보를 준다고 생각한다. 즉 혜택을 베풀어주는 입장이라고 여기는 것이다. 그러나 정작 상대방은 그렇게 생각하지 않는다. 내가 아무리 뛰어난 제품을 소개해도 상대방은 비슷한 성능을 가진 다른 브랜드의 제품을 얼마든지 많이 알고 있다. 세상 모든 상품들이 '우리 회사 물건의 품질이 최고' 라고 강조하며 저마다 비슷한 광고를 하기 때문이다. 또 아무리 우리 회사의 장점을 강조해도 상대방은 '다른 회사도 다를 바 없다.' 고 생각할 수 있다.

따라서 내가 전달하는 모든 내용은 상대방에게는 전혀 아무런 매력도, 차별점도 없게 느껴질 수 있다. 상대방이 잘 모르는 제품이나 사업에 대해 일방적으로 정보 전달을 하려 하면 누구나 의심하고 거부하는 것이 당연하다.

그런 상황에서는 아무리 정보를 전달하려 한들 상대방은 짜증만 나고 인내심의 바닥을 느낄 수 있다. 그로서는 당신의 이야기를 믿고 당신의 요구를 따라줘야 할 아무런 이유도 없기 때문이다. 특히 사설이 장황해지고 비슷한 이야기가 되풀이되면 더더욱 듣고 싶어 하지 않는다.

③ 무차별적으로 접근하지 마라

요즘 사람 치고 스팸메일이나 스팸 문자메시지, 보이스피싱 등으로 직간접적인 피해를 입지 않은 사람이 없다. 수없이 날아드는 광고메일이나 홍보메시지에 피로를 느끼는 경우도 많다. 누구도 그런 광고지나 스팸메일을 눈여겨보거나 관심을 갖지 않는다. 심지어 처음부터 스팸으로 분류되도록 필터링을 해놓기도 한다.

네트워크 마케팅의 초대도 잘못 적용하면 이와 다를 바 없다. 이 사업에 전혀 관심이 없는 사람들에게 무차별적으로 접근해 제품을 알리거나 정보를 전달할 경우 성공할 확률은 거의 없다.

따라서 리크루팅 단계에서는 초대에 성공하는 것보다 거절당하는 비율이 훨씬 높을 수 있음을 염두에 두고 스트레스를 받지 말아야 한다. 아무리 능력 있는 세일즈맨도 새로운 사람을 만나거나 새로운 거래처를 개척하는 일을 늘 어렵다. 거절당하는 걸 쉽게 느끼는 사람은 아무도 없다.

더욱이 목적성 없는 접근, 상대방의 상황을 파악하지 않은 상태에서의 무차별적인 접근은 거절을 유발할 확률이 더 높다. 따라서 관심을 가질 만한 사람, 관심을 가질 만한 상황에 놓여 있는 사람, 그리고 이 사업이나 제품을 필요로 할 만한 사람을 중심으로 초대하고 접근해야 한다.

④ 민폐를 끼치지 마라

요즘에는 어린 아이들조차도 종일 꽉 짜인 스케줄 속에 살아가는 세상이다. 하물며 어른들은 더 바쁘고 시간이 없다. 예전처럼 시간이 남아돌고 남의 이야기에 굳이 귀를 기울여줄 마음의 여유가 없는 것이다. 그래서 좋은 마음으로 유익한 사업 정보를 전달한다 해도 상대방에게는 짧은 전화 통화나 방문 자체가 몹시 성가실 수 있다.

사업자들은 자신의 회사와 제품을 깊이 신뢰한다. 사업을 하는 당위성도 충분히 갖고 있다. 그래서 내가 믿는 제품을 다른 사람들도 써보고 싶어 한다고 믿고, 내가 가치 있게 여기는 사업에 대해 다른 사람들도 솔깃해 할 것이라고 생각한다.

그러다 보니 상대방이 선뜻 관심을 보이지 않거나, 결정을 못 내리고 머뭇거리거나, 초대를 거절하게 되면 답답해 한다. '이런 좋은 기회를 왜 거절하지? 이런 좋은 제품을 왜 안 써보려 하지?' 라는 생각에 더욱 강요적으로 상대방을 다그치며 설득하려 든다. 그러나 그 순간부터 당신이 하는 모든 말과 행동은 상대방에게는 민폐가 되어버린다.

제품을 알리거나 사업을 전달할 때 거절당하는 이유 중 대부분이 바로 이러한 사고방식과 접근법 때문이다. 느닷없는 전화 연락, 갑작스런 방문, 일방적인 정보 전달은 어떤 경우도 상대방에게는 무의미하다. 또한 막연히 예상하는 것과 실제 상황은 얼마든지 다를 수 있다.

만약 상대방이 부정적인 반응을 보이거나 강한 어조로 거절할 때는 더 이상 요구하거나 강요하지 말고 "실례했습니다."라든가 "잘 알겠습니다."와 같이 인사하고 깔끔하게 마무리를 하는 것이 낫다.

당신의 좋은 의도가 상대방에게는 피해가 될 수도 있음을 항상 염두에 두자. 정보를 전달하려 골몰하지 말고, 어떻게 하면 상대방이 저절로 흥미를 갖게 할 것인지를 생각하라.

⑤ 약속을 받아내려 안달하지 마라

사업을 전달할 때는 전화통화보다는 만남이 효과적이며, 만남을 약속할 때는 "언제 한 번 만납시다."가 아니라 가까운 시일 중에 날짜와 시간을 정하는 것이 중요하다. 그러나 아무리 만남이 중요하다 해도 무작정 약속을 받아내려 하는 것도 거절을 유발하는 주된 원인이다. 특히 다음과 같이 애매모호하게 요구할 경우, 대부분은 거절당할 가능성이 높다.

"언제 시간 되세요? 한 번 찾아뵐게요."

"제품 샘플을 써보실래요? 언제 방문해도 될까요?"

“돈을 많이 벌 수 있는 사업에 대해 알려드리겠습니다.”

위와 같이 요구하는 경우 대부분의 사람들은 “괜찮습니다.” 혹은 “시간이 없어서요.” 라며 만남 자체를 거절한다. 그러나 다음과 같은 제안은 상대방에게 큰 부담을 주지 않기 때문에 굳이 거절하지 않을 가능성을 높여준다.

“도움이 될 만한 제품 샘플을 보내드리고 싶은데 어디로 보내드리면 좋을까요?”

“유익한 자료를 보여드리고 싶은데 이메일 주소를 알려주시면 발송해 드리겠습니다.”

이와 같은 간결한 제안은 상대에게 큰 부담이 되지 않을뿐더러, 실제 샘플을 접함으로써 제품에 대해 단번에 이해할 수 있게 해준다. 만남을 요구하기 전에 이와 같이 간접적인 방식으로 자연스러운 홍미를 유발할 만한 연결고리를 제공한 후, 후일에 다시 만남 약속을 제안한다면 거부감을 훨씬 줄일 수 있다.

⑥ 먼저 대본을 써서 연습해라

전화연락을 해야 하거나 만남을 약속했을 때, 누구나 처음에는 긴장하게 마련이다.

아무리 좋은 정보와 이야깃거리를 갖고 있더라도, 막상 전화기를 잡고 난 후, 혹은 약속장소에 도착한 후에 갑자기 할 말을 잊어버리기도 하고, 준비했던 이야기를 제대로 풀어내지 못하기도 한다. 상대방이 편안한 사이가 아니라면 순간 머릿속이 하얗게 되어 말을 더듬을 수도 있다.

그러므로 전화를 걸거나 만나기 전에는, 전달하고자 하는 내용을 미리 대본의 형태로 종이에 써볼 것을 권한다. 토씨 하나까지 구어체로 그대로 적어보고, 그것을 자신의 말투대로 읽어보며 여러 번 연습하는 것이다.

특히 전화 연락 전에 대본을 써서 연습한 후, 통화 시에도 대본을 눈으로 참고하며 이야기하는 것도 하나의 요령이다. 말할 내용을 써보고 소리 내어 읽어보는 것은 말하는 능력을 향상시키는 데 매우 효과적이다. 처음에는 읽는다는 자체가 어색할 수 있지만, 되풀이하다 보면 조리 있게 차근차근 말하는 능력이 자신도 모르게 향상된다.

⑦ 교육을 통해 발전하는 사람이 돼라

사업 전달 성공률을 높인다는 것은 나날이 스스로를 발전시킨다는 뜻이다.

지금은 하루가 다르게 사회 변화가 가속화되는 시대이다. 아무리 전문지식을 갖고 있거나 경험이 풍부해도, 어제까지 유용했던 지식이 오늘부터는 아무 쓸모가 없을 수도 있고, 작년까지 통용되던 방식이 올해부터는 통하지 않을 수 있다.

이처럼 변화에 대비하고 시대에 뒤떨어지지 않는 방법은 끊임없는 자기계발과 공부밖에 없다. 네트워크 사업에서 성공하기 위한 가장 중요한 요인은 자기 자신을 지속적으로 변화시키고 새로운 지식과 정보를 흡수하느냐에 있다.

그러기 위해서는 회사에서 주최하는 세미나, 강연, 크고 작은 강좌 프로그램 등 각종 교육 기회를 최대한 활용해야 한다. 또한 비즈니스 관련 서적들을 늘 가까운 곳에 놓아두고 참고하며 지식을 쌓아야 한다.

바빠서 책 읽을 시간이 없다고 말하는 사람, 사람 만나느라 공부할 시간이 없다고 말하는 사람은 성공에 한계가 있다. 당장 눈앞에 것들 때문에 자기계발을 게을리 하는 사람은 노력에 비해 성과가 없거나 열심히 뛰어도 거절당하는 경험을 점점 더 많이 하게 될 것이다.

TIP

이런 사람을 찾아라

초대할 만한 사람을 찾을 때는 우선 큰 카테고리를 정하고, 각각의 카테고리에 속하는 사람들의 목록을 작성하는 것이 순서다. 목록을 정리할 때는 크게 다음과 같은 범주로 카테고리화하는 것이 효과적이다.

[카테고리1] 사적인 관계

- 친구, 지인 : 현재 왕래하는 친구, 학교 동창, 친구의 배우자, 친인척
- 이웃 : 동네나 지역의 가까운 이웃, 자녀의 학교나 학원의 가까운 학부형

[카테고리2] 공적인 관계

- 직장 관계자 : 같은 직장 동료, 선후배, 거래처 직원, 이직을 희망하는 사람, 퇴직을 앞둔 사람, 퇴직자, 새로운 일을 하고자 하는 사람, 이직을 준비하는 사람
- 사업 경험자 : 업종 전환을 희망하는 사람, 새로운 사업을 준비 중인 사람
- 영업 관련 직종 경력자 : 영업이나 마케팅 업종 경력자, 이직을 염두에 두는 사람

[카테고리3] 친목 관계

- 동호회 : 취미 관련 동호회, 친목회, 문화센터나 헬스클럽 동료
- 종교단체 : 같은 종교 활동을 하는 신도
- 봉사단체 : 같은 봉사활동이나 사회활동을 하는 동료

7

사업의 성공률을 끌어올리는 상담법

성공하는 사업자는 자세부터 다르다

네트워크 비즈니스 사업자는 인상 관리를 빼놓을 수 없다. 호감을 주는 외모, 좋은 에너지를 풍기는 첫인상을 가진 사업자일수록 사업 성공률이 단기간에 상승하는 경우가 많다. 여기서 말하는 외모란 생김새가 아니라 그 사람에게서 풍기는 전체적인 분위기를 말한다. 얼굴이 잘생기고 못생기고를 떠나, 인간적인 매력과 믿음을 주는 이를 뜻한다.

상대에게 내가 어떤 사람인지를 알리려면 시간이 필요하다. 사람들은 낯선 사람을 볼 때 처음에는 겉모습만으로 평가한다. 몸가짐이 안정적인지, 옷차림이 깔끔하고 전문적인 느낌을 주는지, 밝고 편안한 미소를 짓는지, 목소리에 활력이 있는지 등등이 바로 그의 첫인상을 결정한다.

따라서 네트워크 마케팅을 잘하는 사업자가 되려면 성형수술이 아니라 이미지 관리를 해야 한다. 사업자로서 타인에게 어떤 인상을 주고 있는지 자신의 겉모습부터 체크하자.

〈성공하는 사업자의 첫인상〉

- 어느 정도 격식을 갖춘 깔끔한 옷차림

: 꼭 비싼 고급 브랜드의 옷을 입을 필요는 없지만, 지나치게 캐주얼하지 않은 예의 바른 옷차림을 하는 것은 중요하다. 지저분하거나 실밥이 흘러나오지 않은 깔끔한 차림새를 항상 갖춰야 한다.

- 단정한 매무새

: 사업자에게 가장 중요한 태도는 성실함과 진중함이다. 이러한 태도가 겉으로도 자연스럽게 우러나와야 한다. 따라서 너무 화려하고 요란한 옷을 입거나 과한 액세서리를 착용하는 것은 피하는 것이 좋다.

- 미소가 어울리는 밝은 표정

: 인생과 사업에 대해 열정이 가득한 사람 치고 얼굴을 찌푸리고 다니는 사람은 찾기 어렵다. 밝은 미소가 가득한 사람은 언제 어디서나 호감을 얻고 좋은 인상을 남긴다.

- 기운찬 목소리

: 처음 인사할 때의 목소리 톤도 중요하다. 에너지가 가득한 밝고 기운찬 목소리는 그 사람의 인상에서 큰 비중을 차지한다.

〈실패를 자초하는 비호감 인상〉

- 지저분한 매무새

: 비호감으로 느껴지는 사람들의 가장 큰 특징은 깔끔하지 않다는 점이다. 구겨진 셔츠나 블라우스, 옷깃에 비듬이 떨어진 것을 방치해둔 뒷모습, 잘 빗지 않은 머리, 대화할 때의 입 냄새 같은 지저분한 매무새를 한 사람이 사업을 잘하기는 어렵다.

- 어두운 표정

: 근심걱정이 가득해 보이는 표정, 불안감을 조성하는 험악한 인상, 웃음기 없는 무뚝뚝한 표정을 하고 있는 사람과는 사업은커녕 잠시 이야기를 나누기도 싫을 것이다.

- 기운 없는 모습

: 기력이 없는 발걸음, 구부정한 어깨, 기어들어가는 작은 목소리, 초점 없이 떨군 시선 등은 성공자가 아닌 실패자의 전형적인 모습이다.

- 어울리지 않는 과한 치장

: 너무 튀는 장신구, 번쩍거리는 요란한 의상, 지나치게 튀는 색깔의 머리 염색 혹은 염색을 방치해 탈색이 된 부스스한 머리 등은 신뢰감을 주는 사업자의 모습이라고 할 수 없다.

〈상담 시의 기본 에티켓〉

- 착석 에티켓

: 상담이나 미팅에서 누군가를 만날 때는 상대방을 맞이할 때 반드시 일어서서 맞이하고, 상대방이 먼저 자리에 착석한 후, 혹은 중요 인물이 권유한 후에 뒤따라 앉는 것이 에티켓이다.

- 휴대폰 에티켓

: 사업자에게는 휴대폰 에티켓도 매우 중요하다. 상담 중에 전화를 받거나 휴대폰을 힐끔거리며 메시지를 수시로 확인하는 것은 대단한 결례다. 사업상의 모든 상담이나 만남에서는 대화를 나누는 상대방을 최우선시해야 한다. 상담 시작 전에 휴대폰을 반드시 진동 모드로 전환함은 물론, 가방 안에 넣어두어 방해가 되지 않도록 한다.

상황별 매뉴얼 준비하기

사업의 지속성을 높이려면 점차 시행착오를 줄이고 비즈니스의 수준을 높일 필요가 있다. 거기에 꼭 필요한 것 중 하나가 나만의 '상황별 매뉴얼' 을 작성하여 항상 활용하고 실수를 줄여나가는 것이다.

'이럴 땐 대충 이렇게 하면 되겠지.' 라는 생각을 아무리 해도 예상하지 못했던 돌발 상황은 늘 발생한다. 네트워크 마케팅은 사람과의 만남이 중요한데, 사람과의 만남에서는 예상을 뛰어넘는 일들이 늘 생기기 때문이다.

이 매뉴얼은 사업 과정에서의 거의 모든 순간에 필요하다. 예를 들어 전화를 걸 때와 받을 때, 사업을 설명할 때, 제품을 설명할 때, 만남을 거절당할 때, 사업 제안을 거절당할 때, 그리고 사업과 제품에 관한 다양한 질문을 받을 때 등이 있다.

이러한 각 상황별 예상되는 경우들의 리스트를 만든 후, 스폰서 혹은 상위 사업자들의 조언을 참조하여 매뉴얼을 만들어두면 큰 도움이 된다. 이때 다른 사람의 방식을 그대로 따라하지 말고 자신만의 개성과 특성에 맞게 대사를 작성하여 평소에 외우도록 하자.

이처럼 상황별 매뉴얼 리스트를 작성해 연습하고 대비할수록 비즈니스의 수준을 빠른 시간 안에 끌어올릴 수 있다.

일방적으로 떠들지 말아야 하는 이유

사업상의 상담에서 일방적으로 장시간 설명을 하거나 카탈로그 내용을 하나씩 짚어가며 부연설명을 늘어놓는 것은 초보 사업자의 모습이다.

만남의 목적이 무엇이건 사람을 만난다는 것은 그저 설명하고 설득하기 위함이 아니다. 더구나 카탈로그 내용을 있는 그대로 읽어가며 설명을 늘어놓는 것은 오히려 귀한 시간을 낭비하는 결과를 낳기도 한다. 카탈로그의 글자는 누구나 읽을 수 있으며, 상대방이 귀한 시간을 쪼개어 나를 만난 이유는 글자를 대신 읽게 하기 위함이 아니었을 것이다.

사업적 상담에서는 카탈로그에 없는 내용이 오고가야 하고, 쌍방향 대화가 이루어져야 한다. 궁극적으로는 일방적으로 떠드는 상담이 아니라, 상대방의 이야기를 주의 깊게 들을 수 있는 상담이 이뤄져야 한다.

그 사람이 지금 어떤 상황에 처해 있는지, 어떠한 성격적 특성을 갖고 있는지, 지금 간절히 원하는 것이나 부족한 것이 무엇인지, 이 제품이나 사업에 얼마나 관심을 갖고 있으며 앞으로 얼마나 더 관심을 가질 가능성이 있는지를 파악하는 것이 바로 만남에서 이뤄져야 할 일들이다. 즉 인간관계를 확장하고 구축하기 위한 자리다.

따라서 상담에서는 상대방에게 이런저런 질문을 던지고 마음을 열도록 하는 것이 중요하다. 특히 마음을 닫고 있는 상대방이라면 억지로 설득을 하려 들지 말고 적정한 선에서 물러서는 태도를 취하되, 그 사람과 좀 더 인간적인 유대관계를 쌓아나갈 수 있도록 길을 터놓아야 한다.

이거 알아요!

장점을 찾아 칭찬하고, 단점은 덮어준다

비난은 위험하다. 자존심이라는 화약고를 폭발시키기 때문이다. 영문학의 귀재 토머스 하디는 매정한 비평으로 영원히 펜을 꺾었고, 영국의 천재 시인 토머스 하톤은 심지어 잔인한 비평에 상처 받아 스스로 목숨을 끊었다.

반면 벤자민 프랭클린은 젊었을 때는 대인관계가 나쁘기로 유명했지만 훗날 능란한 대인관계 기술을 습득해 주불 대사로 임명되었다. 당시 그는 자신의 성공적인 대인관계 기술의 핵심을 다음과 같이 강조한 바 있다.

"남의 단점을 들춰내지 말라. 장점만 칭찬하라."

나아가 영국의 사상가 칼라일은 이렇게 말한다.

"위인은 하인을 다루는 방법에서도 그 위대함을 드러낸다."
남을 비판하거나 잔소리하는 일은 누구라도 할 수 있다. 반면 이해와 관용은 뛰어난 성품을 가진 이들만이 갖출 수 있는 미덕이다.

헤어지기 전에 다음 약속을 잡아라

네트워크 사업자로서 항상 가져야 할 핵심적인 태도는 자신감과 당당함이다. 사업자는 예비사업자나 고객에게 일방적으로 매달리거나 비굴하게 굴 이유가 없다.

따라서 그날의 상담 목적을 최종적으로 달성하지 못하거나 상대방으로부터 거절을 당했더라고, 설득을 위해 억지로 강요를 되풀이하거나 시간을 끌며 저자세로 매달리는 것은 피해야 한다.

저자세나 질질 끄는 태도는 오히려 거부감만 자아낼 뿐이며, 추후의 지속적인 관계 자체를 불가능하게 만들 수도 있다. 그럴수록 상대방은 '이 사람은 다시는 만나지 말아야지.' 라고 생각할 수도 있다. 이런 경우에는 담담하고도 예의바른 태도로 이 만남을 위해 시간을 내준 것 자체에 감사를 표하며 상담을 깔끔하게 마무리하는 것이 좋다. 경쾌하고 깔끔한 태도로 종료하면 오히려 다음 만남의 여지를 남길 수 있다.

사람과 사람의 만남을 지속되게 하는 힘은 일관성과 정직성, 성실성에서 나온다. '저 사람은 단지 사업 목적으로, 제품 소개 목적으로 나를 만나려 하는구나.' 가 아니라 '저 사람은 정직하고 성실하게 일하는 사람이구나.' 라는 인상을 주는 것이 중요하다. 그래서 만남의 마무리를 잘 하는 것이 이후의 관계에 큰 영향을 끼친다.

이때 앞으로 다시 만날 수 있다는 여운을 남기는 것과 동시에, 헤어지기 전에 다음 약속을 잡는 것이 중요하다.

"다음에 또 만납시다."나 "제가 다시 연락드리겠습니다."와 같이 애매모호하게 말하는 것보다는, "이 부분에 대해 다시 말씀드리고자 하는데 다음 주 금요일 3시가 괜찮으신지요?"와 같이 그 자리에서 다음 약속을 정확히 잡아두는 것이 좋다. 애매하게 헤어지는 것보다는 다음 약속을 확정해두어 다음을 기약하는 것이다.

또한 만남을 마무리하고 돌아온 후에는 문자메시지나 이메일 등의 수단을 통해 감사의 메시지를 전달하는 것이 바람직하다. 그 사람과의 만남 자체에 가치를 두고 있다는 뜻을 전달하면 상대방의 뇌리에 다시 한 번 각인될 것이다.

5장

찾아오게 만드는 인간관계의 노하우

인맥구축

1

나만의 인맥 지도를 그려라

만남을 소중히 하면 인맥은 절로 쌓인다 성공한 사람들은 모든 만남을 소중히 여기고, 그 만남을 통해 새로운 기회를 만드는 '휴먼 네트워크' 능력이 뛰어나다. 그래서 인맥도 능력이라는 것이다.

네트워크 사업의 예비사업자나 사업자들 중에는 "나는 인맥이 부족해서…"라며 한숨부터 쉬는 경우가 많다. 그러나 인맥 확장과 관리 능력을 처음부터 타고난 사람은 아무도 없다.

인맥은 단순히 사람을 많이 안다는 뜻이 아니다. 늘 같은 사람만 만나건, 매일 새로운 사람들을 만나건, 사람은 누구나 자기만의 인맥을 가지고 있다. 미처 깨닫지 못하고 있었을 뿐, 인간은 누구나 사회적인 관계 속에서 크든 작든 타인과 일정한 관계를 맺고 살아갈 수 밖에 없기 때문이다.

인맥의 넓고 좁음은 머릿수에 달려 있는 것이 아니라, 나 자신으로부터 시작된다. 내가 다른 사람들에게 얼마나 관심을 기울이고 마음과 노력을 쏟느냐에 따라 인맥의 크기와 범위가 달라진다. 특히 21세기는 사람과 사람 사이의 관계망이 무한히 확장되는 시대인 만큼 '휴먼 네트워크' 를 잘 만들수록 성공적인 삶을 산다.

특히 인맥은 일방적인 것이 아니라 쌍방향적인 것임을 명심해야 한다. 인맥 관리 능력이 부족하다고 생각하기 전에, 내가 다른 사람들에게 얼마나 신경을 쓰며 이타적인 삶을 살아왔는지를 돌아보아야 한다.

학연과 지연의 틀에서 벗어나라

흔히 인맥이라고 하면 지연, 학연을 떠올리는 경우가 많다. 특히 우리나라는 출신지나 거주지, 출신학교의 인맥을 중시하는 사회적 풍토가 있기 때문에 주로 이러한 범위 안에서만 인맥을 찾으려 한다.

그러나 인맥은 단순히 학연, 지연을 뜻하는 것은 아니다. 나와 비슷한 요소를 가진 집단 속의 사람들도 물론 중요한 자원이지만, 더 큰 의미에서의 인맥은 나와 출신이나 지역, 학교가 다른 사람, 나와 사고방식이나 가치관이 전혀 다른 사람들까지도 포함해 구축하는 인적 자원을 뜻한다.

미래사회는 폭넓은 분야에서 인맥을 형성할수록 크게 성공하는 사회이다. 인맥에 대한 구시대적 사고방식, 즉 마음이 맞거나 친한 사람들과만 인맥을 지속하려는 사람에게는 발전에도 한계가 있다.

휴먼 네트워킹에 능한 사람들은 친하지 않거나 친해지기 어려운 사람들과도 인맥을 형성한다. 나와 환경이 다른 사람, 직업군이 다른 사람, 출신이 다른 사람, 세대나 사고방식이 다른 사람들에게 더 관심을 가지고 마음을 열고 만남의 기회를 만든다. 파워 인맥의 힘은 이러한 다양성

속에서 성장한다.

인맥은 새로운 지도를 그려나가는 작업

익숙한 사람을 만나면 마음은 편하지만 딱 거기까지이다. 익숙한 인맥 안에서는 기존의 사고 틀만 반복된다. 반면 나와 다른 사람들을 만나면 처음에는 낯설고 불편할 수 있지만 그 속에서 내가 생각하지 못했던 세계를 배우게 된다. 나와 다른 사람들과 관계를 맺는다는 것은 내 사고의 한계를 뛰어넘겠다는 의지이며, 사고의 범위를 확장하면 할수록 그 과정에서 더 많은 것을 배우고 뜻하지 않은 이익과 행운을 얻게 된다. 또한 내게 듣기 좋은 말만 하는 인맥보다는, 나를 자극하고 쓴 소리를 하며 반대되는 생각의 여지를 주는 인맥이 오히려 성장에 도움이 되기도 한다.

특히 비즈니스에서는 만남의 폭이 넓고 다양할수록 사업 규모가 커진다. 기존의 관계, 익숙했던 관계에서만 인맥을 찾으려들면 금방 한계에 봉착하게 된다. 인맥 부족을 고민하는 사람들은 정말로 인맥이 없어서가 아니라 인맥에 대한 잘못된 편견이 문제다.

이제는 고정관념의 틀을 깨고 전혀 새로운 인맥의 경로를 확장시킬 필요가 있다.

인맥을 넓힌다는 것은 단지 만남의 횟수와 숫자를 늘리는 것만 의미하지 않는다. 나 자신을 발전하게 해줄 새로운 기회를 스스로 더 많이 만든다는 뜻이다.

2

당신은 최근 몇 사람과 명함을 교환했습니까?

명함 관리에도 성공의 비결이 있다 사업자는 명함 관리도 남달라야 한다. 사업을 하다 보면 무수히 많은 사람을 만나고 수많은 명함을 교환하게 된다. 그러나 지금 가진 명함첩 속의 명함들을 하나씩 체크해보자. 명함을 봐도 언제 만난 누구인지 기억이 잘 안 난다면 그건 그저 종이 쪼가리에 불과하다.

입장을 바꿔도 마찬가지다. 누군가가 자기 명함첩에서 내 명함을 보았는데 나를 기억하지 못한다면 그 사람에게 내 명함을 건넨 의미가 없을 것이다. 명함은 인맥 관리의 소중한 씨앗이다. 그러나 기억나지 않는 명함은 보관해봤자 무의미하다. 보유하고 있는 명함의 숫자가 곧바로 내 인맥은 아니다. 그중에는 네 인맥이 되는 사람도 있지만 다시는 안 보게 될 사람도 있을 것이다. 따라서 누군가와 명함을 교환했다면 그 명함을 명함첩에 넣어둔 채로 끝내지 말고, 사후관리의 토대로 활용하는 습관을 들일 필요가 있다. 명함을 주고받은 사람과 그 이후에 한 번이라도 전화통화를 했는지, 문자메시지나 이메일로 감사인사나 자료를 보냈는지, 그 사람의 특성이나 이후의 만남의 계획 등에 대해 데이터베이스로 저장을 해두고 주기적으로 살펴보았는지를 되돌아보고 실행에 옮기는 것이 사후관리의 출발이다.

아울러 남다른 인상을 남길 수 있는 명함도 중요하다. 회사 이름과 연락처, 이름 같은 기본 정보만 넣은 단조로운 명함보다는 자신의 개성을 드러낼 수 있는 문구나 일러스트, 사진 등을 담은 독특한 명함은 각인 효과가 좀 더 크다. 간결하고 기억에 남는 표현을 사용해 상품이나 회사를 안내한 명함도 하나의 예가 될 수 있다. 비용을 절감한다는 이유로 지나치게 조잡하고 허술한 명함을 제작하는 것은 바람직하지 않다. '싼 티' 나는 명함은 그 사람과 회사에 대해 신뢰감을 심어주기 어렵다.

명함의 숫자와 인맥의 숫자는 다르다

갖고 있는 명함의 숫자보다 더 중요한 건 그 명함을 가지고 무엇을 하는가이다.

인적 자원이 풍부한 사람들은 한 번이라도 명함을 교환한 사람, 우연히 스치고 지나간 사소한 인연조차도 소중히 여길 줄 안다. 그런 사람들은 작은 만남들을 크게 확장시키며, 명함 하나하나에서 새로운 가치를 발견하고 관계를 개척한다. 기존의 인맥을 고수하는 것이 아니라 인맥의 질과 크기를 지속적으로 확장시킨다.

그런 사람들을 가리켜 우리는 '저 사람은 인복이 있다.' 고 말한다.

그러나 그것은 '복' 을 '타고 나서' 가 아니다. 그는 가만히 있는데 다른 사람들이 이유 없이 다가가 도와줘서가 아니다. 그들이 먼저 다른 사람들에게 다가가기 위해 노력했기 때문에 사람들로부터 신임과 존경을 받는 것이다.

명함은 인맥관리의 출발

요즘은 오프라인에 온라인까지 더해져 무한한 인맥을 형성할 수 있는 시대이다. 인맥의 단위 자체가 과거와는 비교할 수 없을 정도로 확대되었다. 개인이 실시간으로 엄청난 양의 정보를 습득할 수 있는 이 시대에 인적 자원, 인맥, 휴먼 네트워크야말로 돈보다 중요한 자원이 된다. 그러므로 사업을 성공시키려면 지금 가진 인적 자원을 그 수십 배로 확장시킬 수 있어야 한다. 지금 가지고 있는 명함의 주인공들, 지금 알고 지내는 사람들, 지금 내 머릿속에 떠오르는 사람들의 가치를 소중히 해야 한다

당신은 최근 몇 명의 사람들과 명함을 교환했는가? 그 명함들을 얼마나 기억하고 있으며, 내 명함은 얼마나 그들에게 소중히 기억되고 있는가? 내가 보관하고 있는 두툼한 명함첩 속의 수많은 이름들을 종잇조각 채로 잠재워둘 것인가, 아니면 나의 성공의 잠재적인 동반자로 만들 것인가?

인맥을 확장하고 싶다면 내가 먼저 다른 사람들에게 시간을 투자하고 마음을 쓸 수 있어야 한다. 성공한 인생이란 결국 좋은 사람들을 많이 만나 비전과 열정을 나눌 수 있는 인생을 뜻한다. 그러한 사람들을 만나고 싶다면, 가만히 기다리지 말고 먼저 다가가야 한다.

3

인맥구축 노하우 1:10:100의 법칙 따라하기

지인을 인맥으로 만드는 요령

인맥을 구축한다는 것은 상대를 '내 사람' 으로 만든다는 뜻이다. 그러려면 초반에 그 사람에게 정성을 들이고 좋은 인상을 심어주어 서로 마음을 열 수 있어야 한다.

'아는 사람' 을 '내 사람' 으로 만드는 데는 시간과 노력이 필요한데 이때 초반의 노력이 전반적인 관계의 질을 결정하는 경우가 많다. 관계 초반에 긍정적인 인상을 심어주지 못하거나 나아가 나쁜 인상을 한 번 심어주고 나면 그 사람을 나의 인맥으로 만들기까지 몇 배의 시간과 노력이 소요되기 때문이다.

경영법칙 중에 1:10:100의 법칙이라는 것이 있다. 어떤 제품을 만들 때 초반에 불량 사항을 발견하면 수리에 1의 비용만 들이면 되지만, 불량의 책임을 초반에 회피하고 감추고 나면 문제를 해결하기 위해 10의 비용이 들어간다. 그마저도 숨기고 감추어둔 채 그 제품이 고객에게 전달되고 나면 고객의 클레임과 나빠진 회사 이미지를 해결하기 위해 100의 비용이 들어간다. 즉 문제를 초반에 해결해두지 않으면 그것을 바로잡기 위해 들어가는 비용이 눈덩이처럼 커진다는 것이 이 법칙의 골자이다.

인맥구축에서도 같은 경영법칙이 적용된다. 사람과 관계를 형성함에 있어 초반에 들이는 노력이 관계의 질을 결정한다는 것이다.

〈인맥구축의 1:10:100의 법칙〉

1 : 잦은 접촉

사람은 자주 접하는 것일수록 친숙해진다. 잦은 접촉은 인맥구축의 가장 기본적인 원칙이다. 통화 자주하기, 먼저 연락하기, 함께 식사하기 등은 초반의 관계형성에 큰 영향을 끼친다.

10 : 기억과 각인

사람은 내 이야기와 정보를 잘 기억해주는 사람에게 호감을 갖는다. 즉 상대방의 메시지를 잘 기억하면 내 존재감을 상대방에게 각인시킬 수 있다. 이를 위해서는 상대방의 말을 항상 주의 깊게 경청하고, 상대방에게 진심으로 관심을 갖고 있다는 메시지를 보내야 한다.

100 : 목표 달성

접촉과 각인을 통해 어느 정도 관계를 형성했다면 같은 목표를 공유하는 과정을 거쳐야 한다. 필요한 정보를 적극적으로 전달하고 함께할 수 있는 것들을 실행하는 과정에서 그 사람은 더욱 확실한 나의 인맥으로 구축된다.

4

세계 성공자들의 인맥 구축 노하우는?

성공자의 세계에서 네트워킹하라

성공자가 된다는 것은 성공자와 같은 방식으로 사고한다는 뜻이다. 성공자의 세계에서 노하우를 익혀 성공자로서의 삶을 산다는 뜻이다. 나아가 이것은 성공한 사람들의 세계에서 인맥을 구축하며 휴먼 네트워크를 확장하는 것이 성공자가 되는 방법이라는 뜻이기도 하다.

유태인들은 전 세계 각지에서 부와 성공의 대명사로 꼽히는 대표적인 민족이다. 그들은 20세기 이후 부를 쌓고 여러 분야에서 수많은 재능 있는 인물을 배출해왔다. 더불어 그들의 인생관과 삶의 방식도 성공에 관한 자기계발 사례에 자주 인용되고 있는데, 그 이유는 여러 가지가 있지만 그중 빼놓을 수 없는 것이 바로 정보력과 단결력, 그리고 네트워크 능력이다.

300년 가까이 유럽 금융계의 명문가로 군림한 로스차일드 가문도 그중 한 예라 할 수 있다. 대표적인 부자 가문인 로스차일드 가문은 탄탄한 인맥과 정보력을 통해 세계 경제의 흐름을 꿰뚫었다는 평가를 받는다.

부를 축적한다는 것은 단순히 재물을 축적한다는 것만을 의미하지는 않는다. 돈을 벌기도 어렵지만 그보다 더 어려운 것은 그 돈을 대대로 유지하며 세상에 영향력을 미치는 일이다. 이러한 능력을 갖추지 못했다면, 아무리 큰돈도 하루아침에 탕진할 수 있다. 한 번이라도 돈을 잃어본 적이 있는 사람이라면 이 말이 무슨 뜻인지 알 수 있을 것이다.

성공자의 인맥구축 노하우를 배워라

탈무드에서도 부자와 빈자의 차이는 돈의 있고 없음이 아니라고 말한다. 아무리 돈이 많아도 '빈자의 줄' 에 서 있는 사람은 계속 빈자의 삶을 사는 것이나 다름없다. 반면 지금 당장은 돈이 많지 않더라도 '부자의 줄' 에 서는 사람은 언젠가는 정말로 부자가 된다.

부자의 줄에 선다는 것은 부자의 세계에 들어가 부자처럼 생각하고 부자의 방식을 배우며 그 세계의 정보를 공유한다는 뜻이다. 기존의 삶의 방식, 기존의 돈에 대한 정보에서 탈피하여 새로운 관점을 구축하고, 성공한 사람들이 공유하는 정보를 얻고 성공자들과 어울리며 스스로 성공의 인맥 속에 들어가는 것이다.

성공자의 인맥을 구축하려면 자신감 있고 당당하며 앞날의 비전을 명확히 제시할 수 있어야 한다. 성공을 이뤘거나 이룰 사람들은 서로의 열정을 알아보며, 상대방이 지금 어떤 상황인지보다 앞으로 어떻게 변화할지를 궁금해 하기 때문이다.

실패하는 사람들은 타인의 것을 빼앗아 독점해야 한다고 생각하는 경향이 있다. 반면에 성공하는 사람들은 재물을 독점하기보다는 정보를 공유하고 네트워크를 확장시키는 것을 중시한다. 따라서 성공하고 싶다면 성공자의 열정과 사고방식, 그리고 그들의 인맥을 내 것으로 만들어 살펴보고 익혀야 한다.

5

주위에 있는 인맥 만들기 공식

인맥은 기다리는 것이 아니라 찾아가는 것

'나는 인맥이 별로 없는데….'

'내가 아는 사람은 거기서 거기인데….'

'인맥이 부족한 내가 성공할 수 있을까?'

위와 같이 생각하는 사람들에게는 공통점이 있다. 인맥이라는 개념을 다소 오해하고 있다는 점이다. 성격이 외향적이지 않아서, 혹은 사회생활의 범위가 한정되어서 인맥이 부족하다고 생각하는 것은 인맥을 수동적인 개념으로 생각하기 때문이다. 기존에 알고 있는 사람, 지금 머릿속에 떠오르는 사람 정도만 인맥이라고 여기는 것이다. 하지만 내가 가만히 있는데 다른 사람들이 나를 도와주지는 않는다. 그런 의미에서 진정한 의미의 인맥이란 수동적인 개념이 아니라 능동적인 개념이다.

즉 내 능력과 의지력, 아이디어를 기반으로 지금부터 새롭게 구축하고 확장하는 것이 진정한 인맥이다.

다시 말해 인맥이란 지금까지 알고 있는 사람들의 목록이 아니라 '지금부터 알게 될 사람들의 목록' 이다.

인맥은 한계를 뛰어넘게 하는 든든한 뒷배경

원하는 목표를 달성하려면 혼자 힘으로는 한계가 있다. 여기에는 동반자와 조력자가 필요하다. 어려움을 나누고 시련은 함께 극복할 만한 나만의 인맥을 통해 협력하고 도움을 주고받을 때 성공의 여정도 보다 수월해진다.

다양한 인맥을 활용할수록 내 새로운 잠재력과 가능성, 내 단점이나 장점을 재발견하게 된다. 어려움을 나눔으로써 혼자서는 해결하지 못했던 문제들에 대해 실마리와 해결점을 찾기도 한다. 타인의 성공과 발전을 통해 동기를 부여 받거나 배울 점을 찾기도 하고, 반대로 나를 통해 다른 사람이 도움을 받기도 한다.

인맥은 삶을 한층 더 높은 단계로 성장하게 해주는 영양제와도 같다. 또한 인맥은 다른 사람의 지식이나 정보를 빼앗고 이용하기 위함이 아니라, 서로가 가진 것을 공유하고 나눔으로써 더 큰 시너지 효과를 낳는다.

좋은 인맥은 나와 비슷한 생각을 하거나 비슷한 삶을 사는 사람들에서도 찾을 수 있지만, 나와 다른 생각을 하거나 다른 삶을 사는 사람들을 통해서도 얼마든지 형성할 수 있다. 나의 단점, 열등감, 약점을 깨우쳐주는 사람들이 처음에는 불편할 수도 있지만, 그러한 관계를 통해 몰랐던 점을 배움으로써 오히려 삶에 도움이 되기도 한다.

스쳐지나가는 인연 속에도 인맥이 있다

아무리 사회적으로 성공한 사람도 가만히 앉아서 다른 사람들의 방문을 받기만 하는 것은 아니다. 성공했다는 것은 이미 풍부한 인맥을 구축했다는 뜻이기도 하지만, 그렇다고 거기에 만족하고 멈춘다는 뜻은 아니다.

성공한 사람들은 오히려 지금까지의 인맥에 머무르려 하지 않는 경향이 강하다. 끊임없이 새로운 인맥을 찾아나선다.

이런 사람들은 '인맥을 넓혀야지.', '인맥을 위해 이 사람을 만나서 듣기 좋은 말을 해줘야지.' 라는 목적성이나 의도성을 가지고 사람을 만나는 것이 아니다. 그들은 생활 속에서 스쳐지나가는 모든 사람들을 자연스럽게 자신의 인맥으로 여긴다.

때로는 자주 가는 단골 식당의 주인 아주머니가 소중한 인맥일 수도 있고, 때로는 내 제안을 거절하거나 내게 쓴 소리를 한 사람이 가치 있는 인맥이 될지도 모른다. 사업과 연관 없는 사람, 심지어 나와 반대되는 생각을 가진 사람들도 모두 소중히 여기는 것이 인맥구축의 비결 중 하나다. 반대 입장에 있는 사람조차도 내 편으로 만들고 내 성공을 공유할 수 있는 것이 바로 인맥의 궁극적인 힘이다.

인맥을 정리하고 구축하기 위해서는 우선 현재의 인맥을 돌아보는 데에서 출발해야 한다. 현재의 인맥은 다음과 같은 종류로 분류할 수 있다.

1. 기존의 인맥 : 휴대폰 주소록이나 수첩에 연락처를 저장해둔 사람들

2. 애매한 인맥 : 직장, 친목모임, 학원, 동호회, 커뮤니티, 거래처 등을 통해 자주 만나지만 연락처를 저장하지는 않은 사람들

3. 새로운 인맥 : 업무상이나 공적, 사적인 소개에 의해 새롭게 만나는 사람들

인맥구축의 공식은 이렇게

우선 종이에 나의 인맥 목록을 써보자. 이름 옆에는 친구, 지인, 친척, 동료, 동창, 선후배, 업무상 관계, 동호회나 친목회 등 그 사람과의 관계나 알게 된 경로를 간단히 구분해서 메모하고, 추가로 그 사람의 특성과 개성, 현재 상황 등도 적어본다.

이 과정을 통해 그 사람을 마지막으로 만나거나 연락한 시기, 평소 얼마나 자주 연락하는지 여부도 자연스레 떠올리게 될 것이다. 이때 우선적으로 확인해봐야 할 사항은 그 사람이 내게 무엇을 해줄 수 있는지가 아니다. 반대로 내가 그 사람에게 어떤 사람인지를 돌아볼 필요가 있다.

나나 내 가족에게 불의의 사고나 어려움이 닥쳤을 때, 그래서 내가 긴급한 도움을 요청했을 때, 24시간 혹은 48시간 이내에 달려와 줄 사람은 몇 명인가? 나의 어려움에 공감을 표해주고 크든 작든 도움을 줄 사람은 얼마나 되는가?

그리고, 반대로 생각해보자. 종이 위에 적은 사람들의 목록 중에서, 그 사람에게 불의의 사고나 시련이 닥쳤을 때 내 일처럼 달려가게 될 사람은 몇 명이나 되는가?

만약 그 사람의 어려움에 달려가 손 잡아줄 의향이 없다면, 나 역시 그 사람에게 그런 정도의 의미밖에 없을 가능성이 높다. 이런 측면에서 살펴본다면 내가 지금까지 구축해온 인맥이 어느 정도인지를 냉철하게 파악할 수 있을 것이다. 이것을 간단히 공식화하면 다음과 같다.

내가 알고 있는 인맥 - 내가 도와주고 싶은 인맥

= 인맥구축을 위한 과제

즉 내가 아는 사람들 중에서 '내가 그 사람을 위해 마음을 써주고 도와줄 수 있는 사람' 을 제외하고 난 나머지 사람들이야말로 그동안 내가 소홀히 여겼던 관계이자, 앞으로 중요시해야 할 인맥이라 할 수 있다. 따라서 앞으로 그 사람들과의 인맥을 다시 구축하고 탄탄히 만들어야 한다.

스마트폰은 인맥관리의 유용한 도구

인맥관리는 이 순간 내 손에 쥔 도구만으로도 얼마든지 시작할 수 있다. 오늘날 스마트폰이야말로 누구나 활용할 수 있는 인맥관리 도구다.

우선 스마트폰에 내장된 다양한 기능을 통해 데이터를 저장하고, 정보를 관리하고, 스케줄을 체크하고, 아이디어를 기록할 수 있다.

스마트폰 주소록의 리스트를 지속적으로 관리하는 것도 중요하다. 또한 문자메시지 및 채팅 어플리케이션을 통해 상대방의 근황을 살피고, 서로 친밀한 관계를 지속적으로 쌓아나가며 중요한 최신 정보를 공유할 수 있다.

휴대폰을 통한 인맥 관리는 특히 친밀감 형성에 효과적이다. 디지털 시대의 도구이면서도 간편한 접속과 실시간 대화를 통해 아날로그적으로 마음을 표현하고, 거리와 시간의 제약을 뛰어넘어 커뮤니케이션을 할 수 있기 때문이다.

중요한 의사소통을 위해서는 반드시 전화통화를 해야 하지만, 전화통화 이전이나 이후에 적절한 빈도의 문자메시지나 채팅을 통해 어색한 분위기를 누그러뜨리고 인간적인 친밀한 감정을 키울 수 있다.

6

최고의 네트워크 인맥을 만드는 4가지 법칙

① 온-오프라인 네트워크를 동시 구동하라

지금은 온라인에서 형성하는 정보와 인간관계가 우리 삶의 전반에 어마어마한 영향력을 끼치는 시대이다. 손에서 스마트폰을 놓지 않고 온라인으로 소통하는 데 하루의 상당 부분을 할애하는 시대에는 네트워크의 의미와 역할도 과거와 다를 수밖에 없다.

모든 인간관계가 전 지구적으로 연결되어 있는 사회에서는 네트워크 마케팅 분야 역시 예전과는 다른 패러다임으로 발전하고 있다. 인맥을 만들고 확장시키는 방식 역시 시대에 걸맞아야 하는데, 이때 중요한 것은 오프라인 인맥과 온라인 인맥 사이의 균형이다. 오프라인 인간관계에서의 '사람 대 사람'의 강점을 소홀히 하지 않는 동시에 온라인 인간관계 특유의 용이성과 무한한 확장성을 적극 도입하면 좋다.

온라인의 경우 커뮤니티나 홈페이지, 블로그 등을 활용해 다른 사람의 근황과 특성을 파악할 수 있고, 페이스북, 트위터 같은 각종 SNS를 통해 지인의 근황은 물론 그 사람을 통해 연결되는 또 다른 새로운 인맥들과

간접 연결될 수 있다. 직접 알지 못하는 사람들, 얼굴을 모르는 사람들, 지인의 지인 등을 이제는 나만의 인맥에 얼마든지 추가할 수 있다.

또한 단순히 근황을 확인하는 데서 벗어나 공통의 관심사를 공유하고 정보를 교환하는 무대를 구축할 수 있으며, 동시에 이를 동기부여와 정보 공유의 장으로 잘 활용한다면 온라인을 통한 휴먼 네트워킹이 또 하나의 훌륭한 인맥 자산이 되어줄 것이다.

② 자기소개는 인맥구축의 출발점

나를 제대로 알리고 기억시키는 일은 모든 인맥구축의 출발점이자 기본 토대다.

따라서 누군가를 처음 만났을 때 자기소개를 얼마나 효과적으로 하느냐가 매우 중요하다. 자기소개를 할 때는 장황하게 내 이야기를 다 하려 하지 말고, 첫 10~20초에 나 자신을 강렬하게 어필한다는 개념으로 짧고 명쾌하게 해야 한다.

효과적인 자기소개를 위해 우선 다음과 같은 사항들을 점검해보자.

- 처음 보는 사람 앞에서 당당하게 먼저 악수를 청하거나 반갑게 다가가 30초~1분 이내의 짧은 시간 동안 자신을 소개할 수 있는가?
- 5~10명 이내의 소수의 인원 앞에서, 그리고 10명 넘는 다수의 인원 앞에서 자기소개를 해야 할 때 상황별로 적절한 자기소개 인사말을 항상 준비해두고 있는가?
- 자기소개를 할 수 있는 시간이 정해져있을 경우, 1분, 3분, 5분 등 각 시간별로 인사말을 대본으로 써보고 연습해보는 시간을 평소에 가진 적이 있는가?
- 자기소개 대본을 써보고 읽어보는 것뿐만 아니라 시간을 재보고 녹음하여 내 목소

리를 다시 들어본 적이 있는가?
- 지금 내가 하고 있는 비즈니스와 업무 특성, 앞으로의 비전과 계획에 대해 간결하면서도 인상 깊게 소개할 수 있는가?
- 나를 확실히 알릴 수 있는 인상 깊은 문구나 좌우명, 화두가 있는가?

③ 정보력이 강한 사람이 돼라

정보에 밝고 최신 트렌드나 사회경제적 동향, 요즘 유행하는 것들을 잘 알고 있는 사람은 신뢰가 가고 인간적인 매력이 느껴진다. 정보력이 강한 사람이 인맥 구축에 능숙한 것도 이 때문이다. 특히 다양한 사람들을 접할 때는 그 무렵 가장 화제가 되는 주제를 능숙하게 이야기하는 것만으로도 분위기를 주도할 수 있다. 따라서 모임이나 비즈니스 미팅이 있을 때 인터넷이나 신문에 게재된 최신 정보를 점검해두는 것이 여러 모로 유리하다.

정보에 밝고 사회적, 경제적 트렌드를 잘 아는 사람은 더 이야기를 나누고 싶고, 정보를 나누고 싶게 만든다. 그 와중에 그 사람도 나눠준 정보보다 몇 배의 유용하고 가치 있는 정보를 타인으로부터 얻게 된다. 그래서 성공한 사람 중에 '트렌드 리더' 들이 많은 것이다.

네트워크 마케팅은 타인과 성공에 대한 정보를 나누면 나눌수록 더 크게 성공하는 비즈니스이다. 따라서 스스로 정보에 강해지고 그것을 다른 이에게 전달하면, 반드시 내게도 도움 되는 지식과 정보가 되돌아온다.

이거 알아요!

독서하는 사람이 성공한다

크게 성공한 사람 대부분이 독서광이라는 사실은 많은 점을 시사한다. 실로 부유한 상류층일수록 독서량이 현저하게 높다는 통계가 있다. 이는 결국 독서가 한 사람의 사회적 성공에도 영향을 미친다는 점을 보여준다.

심지어 어떤 이는 읽은 책의 양에 따라 버는 돈도 달라진다고 말한다. 많이 읽는 사람은 자기 분야에서 더 많은 지식을 쌓게 되고, 이를 통해 실패를 줄여 더 많은 수익을 얻게 된다는 것이다.

실로 독서는 간접 경험으로 실패를 줄이고 자신감을 북돋아주며, 미래에 대한 그림을 그려볼 수 있는 훌륭한 지식 창고가 아닐 수 없다. 다만 이런 책읽기도 처음 시작할 때는 쉽지 않은 만큼 몇 가지 원칙을 따르면 좋다.

● 목표를 설정하고 읽는다.

: 서점에는 하루에도 수백 권의 책이 쏟아져 나온다. 내키는 대로 책을 집다가는 무엇 하나도 제대로 읽어내기 어렵다. 따라서 지금 내게 걸맞은 책을 찾아내고 고르기 위해서는 '무엇을 하고 싶은지, 책을 통해 무엇을 얻으려 하는지' 에 대한 목표를 설정하고 읽는 것이 중요하다.

● 수준에 맞게 순차적으로 읽는다.

: 처음부터 어려운 내용을 도전했다가는 실패하기 십상이다. 한 예로 부자 되는 재테크를 하겠다고 재테크의 기술 세부를 다룬 책에 덜컥 도전했다면 '뭐가 이렇게 복

잡해' 하며 책장을 덮을 수도 있다. 따라서 처음에는 마음, 의식, 생각, 경제, 돈 등 굵직굵직한 사안들을 동기부여로 읽고, 그 다음 세부 사항으로 들어가야 한다.

● 많이 읽기보다는 정확히 읽어라

: 읽다보면 욕심이 생겨 여러 권을 성급히 읽으려 드는 경우가 많다. 그럴 경우 겉 핥기 식이 되어 핵심 내용은 스쳐가게 된다. 책이란 여러 번 읽고, 아까워 말고 줄도 치고 메모도 하면서 읽어야 제대로 읽는 것이다. 중요한 내용이 있다면 따로 기록한 뒤 반복해 익혀야 진짜 내 것이 된다. 또한 괜찮은 내용을 주변 사람들과 나누면 복습도 되고 동기부여의 기능도 커지게 된다.

● 하루에 1시간이면 충분하다

: '독서광' 이라는 단어를 들으면 덜컥 겁부터 먹는 이들이 많은데, 독서광은 무작정 많이 읽는 사람이 아닌 꾸준히 읽는 사람이다. 하루아침에 독서광이 되겠다고 여러 권을 사들이는 것은 오늘 당장 부자가 되겠다고 돈을 배팅하는 것과 다르지 않다. 그보다는 오늘 이 순간부터 하루에 1시간씩 읽기를 시작하면 된다.

나아가 모든 것에 앞서 꼭 알아야 할 한 가지가 있다. 비단 성공한 사람들의 습관이라서가 아니라, 독서는 상상 이상의 효과를 가져다준다는 점이다.

가능하다면 오늘부터 하루 1시간 독서 플랜을 짜보자. 또한 그 옆에 정리하고 필기할 노트와 펜도 잊지 말자.

④ '감사' 하는 마음으로 사후관리 하라

누군가를 새로 만났거나 새로운 사람을 소개 받았다고 치자. 이때 만남의 순간도 중요하지만, 더 중요한 것은 그 이후다. 아무리 화기애애한 만남을 갖고, 인상 깊은 자기소개로 나의 존재감을 각인시켰다 하더라도 사후관리가 없다면 그를 인맥으로 구축하기가 불가능해진다.

사후관리의 핵심은 상대방과 인연을 맺게 된 것 자체에 대해 '감사하는 마음' 을 적절히 전달하는 데 있다. 상대는 물론 그를 소개해준 이에게도 전화 통화나 문자 메시지를 통해 감사의 인사를 반드시 전달하고, 첫 만남이 그 다음의 만남으로 자연스레 연결될 수 있도록 여지를 남겨두어야 한다.

상대와 당장 곧바로 다시 만나거나 함께 일하게 되지는 않는다 할지라도, 언제 어디서 더 특별한 인연이 이어질지도 모른다는 점을 늘 염두에 두어야 한다. 좋은 인맥구축은 바로 이 '언젠가' 를 항상 대비하는 일이기도 하다.

7

경계해야 할 인맥이란?

걸러야 할 인맥은 걸러내라

성공한 사람은 '내 사람' 을 많이 가진 사람이다. 반면 네트워크 사업에서는 인맥구축이 중요한 만큼 더더욱, 경계해야 할 인맥 또한 잘 구분할 수 있어야 한다. 실로 인간관계를 맺다 보면 걸러내야 할 관계도 존재하게 마련이며, 인맥을 거르는 것은 목표를 달성하고 삶을 발전시키는 데 꼭 필요한 일이기도 하다.

여기서 걸러내야 할 인맥이란 단순히 '내 마음에 들지 않는 사람' 을 뜻하는 것이 아니다. 당장 이해하기 어렵거나, 나와 다른 생각을 갖고 있거나, 나에게 듣기 좋은 말을 하지 않을지라도 장기적으로 볼 때 내 발전에 도움이 되고 가르침을 주는 사람이 있는 반면, 당장은 마음이 잘 맞고 즐거움을 주는 것 같지만 내 발전을 가로막는 사람도 있다. 경계해야 할 인맥이란 바로 이러한 사람들이다.

다음과 같은 종류의 사람들이라면 어떤 경우에도 발전과 성공에 도움이 되기 어려우므로 경계할 필요가 있다.

〈경계해야 할 인맥의 종류〉

- 옛날이야기만 하는 사람

성공자들은 주로 내일, 내년, 10년 후 등 미래에 관심이 많다. 미래를 고민하고 정보를 나누는 사람들은 발전 지향적인 사람들이다. 반면 옛날이야기, 과거 성공담, "내가 왕년에는" 이라는 말을 자주 하는 사람들은 과거에 발목 잡혀 자신과 타인의 변화와 발전을 가로막을 가능성이 높다.

- 가까운 사람을 험담하는 사람

친구, 동료, 선후배를 험담하고 조롱하는 습관을 지닌 사람은 언젠가 다른 곳에서는 나를 험담할 수도 있다. 이런 타입은 믿음을 쉽게 저버리거나 배신을 할 수도 있다.

- 허세와 허풍이 많은 사람

현재의 일에 열정을 다하고 차근차근 나아가며 노력하는 사람은 절대로 자신을 과대포장하거나 허세를 부리지 않는다. 허풍과 허세가 많은 사람은 사실은 열등감이 많고 보여줄 것이 없는 사람이다. 입만 열면 자기과시를 일삼으며 상대방을 질리게 만드는 사람은 결국 주위에 아무도 남지 않게 된다.

- 돈과 일 이야기 외에 화젯거리가 전혀 없는 사람

성공하는 사람들은 돈이나 비즈니스 외에도 마음의 여유를 가질 줄 알고 짧은 대화에도 위트와 유머가 있다. 오로지 돈 외에는 관심이 없는 사람이라면 부의 가치를 제대로 활용하지 못하게 된다. 또한 일 외에 아무 것도 나누지 못하고 누리지 못하는 사람이라면 창의력 없는 워커홀릭에 머문 채 인생의 가치를 발견하지 못할 수 있다.

- 돈과 시간의 소중함을 무시하는 사람

오로지 돈만 아는 사람만큼 위험한 사람은 돈의 가치를 무시하는 사람이다. 시간을 제대로 관리하지 못한 채 의미 없는 행위에 몰두하며 현재를 허비하는 사람, 열심히 일하는 것의 가치를 무시하며 게으른 베짱이 같은 삶을 사는 사람은 정작 자신의 상황이 나빠지고 나서야 뒤늦게 돈을 빌리러 오거나 일방적인 도움을 요청할 가능성이 높다.

- 자신이 아닌 자신의 배경만 자랑하는 사람

자신의 이야기를 많이 하는 것 같은데 자세히 듣고 보면 자신의 인생관, 꿈, 비전, 가치관을 이야기하는 것이 아니라 껍데기만 이야기하는 사람들이 있다. 어떤 가문인지, 부모가 어떤 사람들인지, 처가나 시가가 얼마나 대단한 집안인지, 어떤 사회적 배경이나 연줄을 가지고 있는지, 지위 높은 사람을 얼마나 많이 알고 있는지를 거듭 이야기하는 사람 치고 정작 자신의 삶을 가치 있게 가꿔가는 사람은 드물다. 자기 자신이 아닌 자신의 배경에 대해서만 이야기한다는 것은 정작 본인은 능력과 경쟁력을 갖고 있지 않다는 뜻이기도 하다.

6장

완벽한 사람은 없다

동기부여

1

동기부여와 동기의식은 어떻게 갖는가?

동기는 내면에서 우러나오는 힘

시련을 극복하고 미래를 향해 나아가게 하는 힘은 우리 외부의 조건에 의해서가 아니라, 우리 내면으로부터 나온다.

이러한 힘을 동기라 하며, 동기를 갖게 하는 원동력이나 원천을 심는 것을 동기부여라고 한다. 또한, 이러한 동기를 내면화하여 지속시키는 것을 동기의식이라고 한다.

동기
동기부여
동기의식

역경을 극복하고 자신의 길을 꿋꿋하게 가는 사람을 강인한 사람이라고 부른다. 강인한 사람은 지금 처한 상황이나 외부적 조건과 상관없이 자신의 내면에 있는 욕구와 욕망을 끌어내 자기발전을 위해 최대한 활용하는 사람이다.

성공은 스스로에게 지속적으로 동기부여를 해 얼마나 동기의식을 활성화하느냐에 따라 달라진다. 오늘보다 나은 내일, 현재보다 나은 미래를 지향하는 욕구를 자극 받을 때 사람은 스스로 동기부여를 함으로써 잠재력을 꺼내 쓰게 된다.

누구나 잘살고 싶고 성공과 부를 누리고 싶어 한다. 문제는 그것을 얼마나 욕망하는지, 얼마나 올바른 방향으로 욕망하는지 여부이다. 그 정도와 방향성이 강하고 건실하다면 그는 지금의 부족함을 극복하기 위해 노력하게 되며, 그 노력이 쌓이고 쌓여 성공에 좀 더 가까워지게 된다. 그렇다면 동기의식을 고취시키기 위해서는 어떻게 해야 할까?

스폰서와 성공자를 통해 동기의식을 고취하기

꿈꾸는 성공의 형태는 사람마다 다르다. 가족과 자녀를 뒷바라지 하는 것이 목적인 사람도 있고, 자기 능력을 발휘하는 데 가치를 두는 사람도 있으며, 경제적 궁핍에서 벗어나고 더 큰 집과 차를 소유하는 것을 목표로 삼는 이도 있다.

이때 스폰서의 조언과 다른 여러 성공자들의 사례를 롤모델 삼아 성공을 복제하고 동기부여를 스스로 할 수 있어야 한다. 사람마다 원하는 것이 다르다 할지라도 개인의 내면의 욕망을 각성시키고 동기의식을 고취시키는 요소에는 다음과 같은 것들이 있다.

〈동기의식을 고취시키는 3요소〉

1. 믿음

= 자기확신, 신뢰, 자기가치감

: 사람은 자기 자신을 믿을 때 가장 큰 잠재력을 발휘한다. 자신이 하고 있는 일의 가치를 믿고 그 일이 가능케 할 미래의 가능성을 확신하는 것은 목표를 향해 나아갈 동력을 확보하는 것이다.

2. 격려

= 칭찬, 용기를 북돋음, 인정

: 자신에 대한 격려, 타인에 대한 칭찬의 습관은 동기부여의 가장 중요한 부분이다. 작더라도 격려하는 말을 자주 하면 의욕을 고취시키고 삶의 에너지를 끌어올리는 데 큰 도움이 된다. 칭찬과 격려는 받는 사람만이 아니라 하는 사람에게도 똑같이 힘을 준다.

3. 꿈

= 청사진, 미래의 자신의 모습, 소망, 소원

: 네트워크 마케팅은 평범한 개인으로 하여금 꿈을 되살리고 앞으로 나아가게 하는 사업이다. 인간으로 하여금 동기를 부여하고 동기의식을 갖게 하는 가장 큰 힘은 미래의 꿈을 잃지 않는 데서 나온다. 그 꿈을 이루겠다는 건강한 야망은 현재에 안주하지 않고 행동하게 만들며 결의를 다지게 해준다.

이거 알아요!

자신에게 힘을 주는 사람 되기

네트워크 비즈니스는 스스로 동기를 부여하고 내면의 힘을 기를 줄 아는 사람에게 절대적으로 유리하다. 따라서 자신을 북돋고 정보와 지식으로 무장하고자 하는 에너지의 투자 또한 필요하다. 출퇴근 시에 영어 테이프를 들으며 영어 공부를 하고 책을 읽으며 공부하는 직장인과 마찬가지로, 네트워크 사업자 역시 틈이 날 때마다 지식을 쌓는 데 투자를 해야 한다. 최근에는 네트워크 사업자들을 위한 다양한 서적과 동기부여 CD, 세미나와 강의 등이 준비되어 있는 만큼 적극적으로 읽고 듣고, 활용하도록 하자.

2

리더에게 필요한 마인드

누구나 숨겨진 리더십을 가지고 있다

지속적으로 발전하는 네트워크 비즈니스 그룹은 성공에 대한 확고한 이미지를 가지고 개개인 모두가 각자의 리더십 역량을 발휘한다. 흔히 재능 있는 특별한 소수, 집단의 상위에 있는 한두 사람만 조직에서의 리더십을 가지면 된다고 생각하는 경우가 많다.

그러나 이는 리더십에 대한 잘못된 관념이다. 리더십은 사회적 위치나 집단에서의 역할과 상관없이 모든 사람이 가져야 하는 덕목이며, 특수한 소수만 타고 나는 것이 아니라 모든 사람이 내면에 가지고 있는 요소이다. 다만 그것을 밖으로 꺼내어 활용하는 사람이 있는가 하면, 아직 자신의 리더십을 발견하지 못하여 제대로 활용하지 못하는 사람이 있을 뿐이다.

모든 사람이 동반성장하는 비즈니스라는 점에서 네트워크 마케팅은 그 어떤 분야보다도 개개인의 리더십을 요한다. 긍정적이고 적극적인 사고방식을 갖는 것, 스스로 동기부여를 하는 것, 성공의 방법과 노하우를 공유하고 서로 이끌어주는 것이야말로 성공의 필수요소인 리더십의 구성요소라 할 수 있다.

리더십을 발휘하는 사람은 살아가는 모습과 말 한 마디, 생활 태도 하나하나에서부터 타인에게 긍정적인 에너지를 준다. 그렇다면 내 인생의 리더가 되기 위한 리더십의 마인드에는 구체적으로 어떠한 것들이 있을까?

〈리더가 가지고 있는 6가지 마인드〉

1. 오픈 마인드

리더는 새로운 모든 것에 대해 열려 있는 사람이다. 과거에 집착하지 않고 미래를 추구하며, 현실에 안주하지 않고 새로운 것을 적극 받아들인다. 타인의 말을 경청하여 미처 생각하지 못했던 의견이나 반대 입장도 무시하지 않으며, 도전이나 실패를 두려워하지 않는다. 다른 사람의 입장, 다른 사람의 이익을 항상 먼저 생각하며, 낯선 환경을 거부하거나 부정하지 않고 적응하려 한다.

2. 결단의 마인드

리더는 뭔가를 결정해야 하는 상황에서 필요 이상 망설이지 않는다. 심사숙고하는 것은 좋지만 시기적절한 결단을 내리지 않으면 발전이나 변화도 없기 때문이다. 결정을 해야 할 긴급한 상황에서는 최대한 기민하게 판단하고, 자신이 결정한 것에 대해서는 더 이상 미련을 갖지 않고 더 나은 해결책을 모색한다. 또한 실수와 과오는 즉각 인정하고 수정한다.

3. 발전의 마인드

리더는 제자리에 머무는 사람이 아니라 항상 자기계발과 자기발전을 도모하는 사람이다. 미래에 대한 뚜렷한 그림과 명확한 목표가 있기에 그 목표를 이루기 위해 노력하며 지속적인 교육과 독서 등을 통해 자신의 수준을 계속해서 업그레이드 한다. 그리고 조금씩 발전해 나아가는 과정 자체에 가치를 둔다.

4. 인내의 마인드

리더는 지금 당장 눈에 보이는 성공과 실패에 일희일비하지 않는 사람이다. 갑자기 이룩한 성공에 대해 자만하지 않는 만큼, 당장의 시련에 대해서도 쉽게 무너지는 것이 아니라 때를 기다리는 마음으로 참고 인내한다.

5. 동반자의 마인드

리더는 통솔하되 군림하지 않는 사람이다. 자신의 생각을 강요하거나 명령하는 것이 아니라, 스스로 모범을 보임으로써 타인에게 영감을 준다. 혼자 잘났다는 생각, 혼자 잘되어야 한다는 사고방식이 아니라 다른 사람과 함께 발전한다는 마음으로 그룹 전체의 이익과 성장을 추구한다. 혼자 돋보이려 하는 것이 아니라 다른 사람을 격려하고 동기부여를 함으로써 저절로 빛이 난다. 성과가 있으면 나누고, 부족한 점이 있으면 다 함께 힘을 모아 개선시키려 하며, 여러 사람을 위해 한두 사람이 희생할 것을 강요하지 않는다.

6. 여유의 마인드

훌륭한 리더일수록 편안한 느낌을 준다. 긴장된 상황에서도 유머를 발휘하는 마음의 여유를 갖고 있으며, 자신을 감추거나 가면을 쓰지 않는다. 현재에 최선을 다하고 목표의식이 뚜렷하지만 그렇다고 곁을 돌아보지 않고 질주하는 것이 아니라 다른 사람의 어려움에 대해 공감하고 도와줄 준비가 되어 있다. 또한 사업을 하는 데 있어서 실패나 좌절의 상황이 언제든 닥칠 수 있음을 알기에, 조급해하지 않고 그 실패의 경험들을 자산으로 삼기 위해 노력한다.

3

리더에게 필요한 요소

리더 자질은 타고나는 것?

리더의 자질은 선천적인 것일까? 남들의 이목을 집중시키고 사람들을 리드하는 힘은 아무나 가질 수 없는 것일까?

역사적인 사례와 연구결과를 보면 성격이 소심하거나 여러 사람 앞에 나서는 것을 잘하지 못했던 의외의 인물들이 위대한 리더가 되는 경우가 적잖다. 물론 리더의 자질을 성격적으로 타고나는 경우도 물론 있지만, 후천적인 노력으로 리더가 되는 경우도 많았던 것이다.

리더의 역할이란 높은 지위에서 남들에게 명령을 하는 것과는 완전히 다르다. 리더십은 노력의 과정 자체, 사람들과 화합하는 과정 자체를 일컫는 말에 가깝다. 흔히 탁월한 리더를 일컬어 사람을 이끄는 매력이 있다고 말하지만, 그 매력이란 외적인 요소보다는 내적인 요소, 다시 말해 목표를 향해 성실하게 나아가는 열정적인 모습에서 우러나는 것이다.

또한 리더는 타인을 강압적으로 이끌거나 자기 의견을 강요하는 것이 아니라, 오히려 함께 손을 잡고 가거나 뒤에서 묵묵히 밀어주는 조력자의 역할에 더 가깝다. 이는 과거 20세기가 아닌 21세기적인 미래형 리더십의 모습이며, 네트워크 비즈니스에서 중시하는 리더상과도 일맥상통한다. 다른 사람들에게 내적 동기를 불어넣어 인생의 동반자로서 함께 가는 사람이 미래형 리더의 모습이다. 네트워크 마케팅에서 말하는 리더의 요소로는 다음과 같은 것들이 있다.

〈네트워크 사업자가 가져야 할 필수요소〉

1. 확고한 목표의식

현재의 상황이 열악하더라도 목표가 확고할수록 마음이 흔들리지 않는다. 목표의식을 가진 사람은 미래의 자기 모습을 이미지화함으로써, 주저앉고 싶고 망설여질 때도 다시금 마음을 다잡고 동기부여를 할 수 있다.

훌륭한 리더는 목표를 다 이룬 사람이 아니라 목표가 확실한 사람이다. 그리고 목표는 구체적일수록 좋다.

2. 눈에 보이는 행동력

리더는 말이 많은 사람이 아니라 말을 줄이고 행동하는 사람이다. 행동에 옮겨 시행착오를 하는 과정에서 리더의 자질이 나온다. '아직 때가 안 되어서, 마음의 준비가 안 되어서, 자신이 없어서, 여건이 부족해서' 등등의 핑계를 대며 망설이기보다는 목표를 바라보며 당장 행동에 옮겨야 한다.

3. 함께하는 협동력

훌륭한 리더일수록 동료와 가족을 소중히 여긴다. 성공은 혼자 구축할 수 있는 것이 아님을 알기 때문이다. 물질적인 가치를 위해 다른 것을 희생하는 것이 성공의 진정한 의미가 아님을 알기에, 함께 일하는 사람, 만나는 사람, 소중한 가족의 가치를 간과하지 않는다.
입장을 바꿔 생각할 줄 알아 타인의 사정을 헤아릴 줄 알며, 자신의 의견만 일방적으로 강조하는 것이 아니라 다른 사람의 의견을 경청하고 상대가 원하는 것을 존중한다.

4. 언행의 긍정성

훌륭한 리더에게는 긍정적인 에너지가 가득하다. 부정적, 비관적인 언어 대신 긍정적인 언어를 주로 사용하며, 특히 '못 한다'는 말보다는 '할 수 있다'는 말을 습관적으로 사용한다. 긍정적인 언어는 긍정적인 잠재의식을 일깨우며 말과 의식의 긍정성은 행동으로도 이어진다. 이러한 자기충족예언 효과로 인한 긍정적 결과가 지속적인 선순환구조를 만든다.

5. 타인에 대한 성심성의

리더는 타인에게 친절하고 성심성의껏 대한다. 겉으로만 친절한 척, 예의바른 척하는 것이 아니라 상대방의 입장에 진심으로 공감하는 것이다.
이러한 공감능력의 바탕에는 세상은 혼자 사는 것이 아니며 개인적 성공도 결국은 도움을 준 누군가의 덕분임을 아는 감사의 마음이 있기 때문이다. 이를 안다면 어떠한 상황도 당연시하지 않고 타인을 대하는 태도와 말 한 마디도 경솔하게 나가지 않을 것이다.
타인에 대한 가식 없는 진정성이야말로 리더의 가장 중요한 요소이며, 네트워크 마케팅의 사업자로서 반드시 가져야 할 태도이다. 만나는 모든 사람에게서 장점을 발견하고, 노력하는 과정을 격려하고, 인간적인 관심을 보이며 에너지를 불어넣어야 한다.

6. 삶의 일관성

조금 상황이 나아지거나 수입이 늘었다고 해서 자만하지 않고 늘 한결같이 노력하고 처음처럼 성실히 사는 일관성은 리더의 필수적인 삶의 원칙이다. 제자리에서 안주하지 않고 새로운 뭔가를 끊임없이 배우고 익히며 자기 자신을 지속적으로 계발하는 사람은 지금 그 모습대로 최고의 리더인 사람이다.

일관성 있는 말과 행동은 자연스러운 신뢰감을 형성한다. 그리하여 다른 사람들로 하여금 그 사람을 믿고 따르게 만들며, 발전적인 목표를 향해 함께 매진하도록 하는 좋은 에너지를 주변에 형성하고 확대한다.

7. 도전정신

리더는 새롭고 도전적인 모든 상황을 두려워하지 않는다. 아무리 성공의 경험이 있더라도 얼마든지 새로운 위기가 닥칠 수 있음을 염두에 둔다. 자신이 확신했던 것이 때로는 시대착오적인 고정관념이 되어버렸을 수도 있음을 알고, 상황이 바뀐 것에 남 탓을 하지 않는다. 위기나 장애물을 오히려 기회로 활용하며, 지금 처한 상황에서 최선을 다하는 것에 가치를 둔다. 그리고 위기상황에 대비할 수 있는 또 다른 대안을 늘 마련해두고 있다.

이거 알아요!

리더 마인드 강화하기

네트워크 비즈니스는 마인드 싸움과 같다. 강한 마인드를 가진 사람은 리더로서 자신은 물론 상대까지도 성공으로 이끄는 힘을 발한다. 하지만 이런 리더십은 그냥 생기는 것이 아니다. 사업을 진행하는 도중 틈틈이 다음과 같은 질문들로 마인드 강화를 시도해야 한다. 시작하기로 결심했다면 다음의 질문들을 꼭 던져보자.

- "어째서 이 사업을 선택했는가?"
- "나는 이 사업을 통해 무엇을 얻으려고 하는가?"
- "나에게 있어 성공은 무엇인가?"
- "어째서 나는 부자가 되려고 하는가?"
- "구체적인 장기적 · 단기적 목표는 세웠는가?"
- "이 사업을 누구와 함께 만들어갈 것인가?"
- "만일 사업이 어려워질 경우 어떻게 대처할 것인가?"
- "이 사업을 통해 얻은 성공을 누구와 함께 나눌 것인가?"

바닥 공사가 튼튼한 건물은 쉽게 무너지지 않는 것처럼, 이 같은 성공 마인드를 탄탄히 쌓아놓은 리더는 어려움 앞에서도 쉽게 좌절하지 않는다.

4

시간이 지나면 저절로 배우는 마음의 법칙

시간이 지나면 저절로 해결되는 것들이 있다

네트워크 비즈니스 사업자들은 사회경험도, 이전 직업도, 나이와 지위도, 학력도 그야말로 천차만별이다. 출신이나 지식이 아니라 자신의 잠재력을 이끌어냄으로써 성공할 수 있는 분야인 만큼 다양한 인생 이력을 가진 사람들이 많다.

때문에 네트워크 사업자들 중에는 쉽게 접하지 못하는 삶의 경험이나 아픔, 상처를 지닌 이들도 적지 않다. 극한과 같은 삶의 밑바닥까지 내려가본 이들도 있고, 모든 것을 잃어본 이들도 있다.

그런데 이런 사람들이 하나 같이 자신 있게 말하는 것이 있다. 어떤 상처도 평생 가지는 않으며, 오히려 그 상처를 통해 다른 것을 배우게 된다는 것이다.

사람들은 고통스러운 실패 경험이 평생 갈 것이라고 생각한다. 하지만 여러 연구 결과에 의하면 적당한 망각이야말로 인간 뇌의 또 하나의 주요 기능이라고 한다. 상처도 언젠가는 아물고 그 흉터조차 세월이 지나면 희미해지듯이, 시간의 흐름과 더불어 절로 터득하게 되는 것들이 있다. 아무리 마음의 상처가 깊더라도 인간에게는 놀라운 회복력과 자체적인 치유력이 있다.

그러므로 현재의 상처와 고통을 있는 그대로 인정하되, 10년 후, 20년 후에는 이 상처가 시간과 함께 희미해져 있을 것임을 확신하라. 그리고 이 상처를 통해 오히려 나 자신을 발전시키고 변화시킬 수 있음을 발견해야 한다.

〈시간을 통해 배우는 마음의 법칙〉

- 이미 일어난 일을 두고두고 후회하거나 과거에 집착하지 말 것
- 시간이 지나면 지금의 시련이 상당 부분 해결될 것임을 믿을 것
- 최악이라고 여겨지는 나쁜 상황에서도 긍정적, 희망적인 요소를 한 가지 이상 찾을 수 있음을 믿을 것
- 좌절이 깊을수록 새로운 일을 시작하거나 지금 하고 있는 일에 집중할 것
- 과거의 상처나 실패를 반복하지 않을 새로운 삶의 습관을 만들고 실천할 것
- 지금의 악조건이 사라진 미래의 이상적인 내 모습을 그려볼 것
- 지금보다 더 안 좋을 수도 있었음을 상기하고 더 나빠지지 않은 것에 감사할 것
- 모든 시련과 고통은 나를 변화, 발전시키기 위한 대가임을 잊지 말 것

5

금이 간 인간관계를 회복하는 방법

관점을 바꾸면 관계가 달라진다

사람끼리 함께 일하고 관계를 유지하다 보면 언제든 갈등이 생길 수 있다. 짧은 갈등 후 서로 오해를 풀고 화해하면 다행이지만, 갈등의 골이 깊어져 돌이킬 수 없는 지경에 이르러 등을 돌리기도 한다.

인간관계의 갈등만큼 우리를 정신적으로 소진시키는 것도 없다. 사람으로 인한 상처, 그로 인한 증오와 분노는 사람의 에너지를 엉뚱한 곳에 쏟게 한다. 당장은 그 분노를 상대방에게 쏟아 붓는 것이 타당하고 후련하게 느껴질지 모르지만, 분노는 또 다른 분노를 낳을뿐더러 타인에게 향하는 부정적인 에너지는 지신의 발전과 성장까지 가로막는다. 결국 누군가를 미워하는 것은 그 사람과 함께 퇴보하고 추락하는 지름길이다.

인간관계는 도자기처럼 한 번 깨졌다고 영영 끝나는 것이 아니다. 금이 간 후 어떻게 대처하느냐에 따라 오히려 갈등을 전환점 삼아 더 긍정적인 관계로 만들 수도 있다. 그러나 노력 없이 가만히 기다린다고, 상처가 아물거나 관계가 회복되는 것은 아니다.

그렇다면 금이 가거나 멀어진 인간관계를 회복하려면 어떻게 해야 할까? 관계회복을 위해서는 다음의 사항들을 기억해야 한다.

〈관계회복의 키포인트〉

1. 사람 때문이 아니라 상황 때문

인간관계에 금이 가는 모든 상황을 객관적으로 들여다보면 작은 오해가 쌓이고 쌓인 결과인 경우가 많다. 그러므로 화가 난 원인이 상대방 자체가 아니라 당시의 상황 때문임을 알아차리고 좀 더 냉정하게 거리를 두면, 상대방을 완전히 이해할 수는 없을지라도 쓸 데 없이 감정을 소진시키는 것은 줄일 수 있다.

2. 틀린 게 아니라 다른 것

사람과 사람 사이 갈등의 대부분의 원인은 나와 '다른' 것을 '틀린' 것이라 단정 짓기 때문이다. 나와 다른 생각, 다른 가치관, 다른 일처리 방식을 '틀린' 것이라고 생각하는 습관을 버리자. 상대방의 입장에서는 '그럴 수도 있음' 을 가정하는 자세가 필요하다. 입장을 바꾸고 관점을 바꾼다면 갈등은 얼마든지 줄여나갈 수 있다.

3. 단점은 누구에게나 있다

누구에게나 단점과 장점이 있다. 내가 미워하는 상대방, 도저히 이해가 가지 않는 상대방에게도 내가 미처 발견하지 못한 장점이 있을 수 있다. 마찬가지로 아무리 내 생각과 행동이 옳고 정당하다 할지라도 누군가의 관점에서는 그것이 단점으로 여겨질 수도 있다. 사람의 장단점을 판단하는 관점을 바꾼다면 오해를 줄이고 좀 더 겸손해질 수 있다.

〈갈등을 줄이고 오해를 방지하는 커뮤니케이션 요령〉

1. 감정을 앞세우지 말고 사실을 전달하라

대부분의 갈등은 감정적으로 격앙되었을 때 극대화된다. 문제를 발견하고 해결하려는 것이 아니라 감정을 배설하려 하고, 어떻게 해서든 상대방을 이기려고 하기 때문이다. 감정적 화풀이는 문제 해결에 아무 도움이 되지 않는다.

2. 사람을 비난하지 말고 상황을 파악하라

문제제기의 주제는 사람이 아닌 상황 자체가 되어야 한다. 상대방 자체를 비난하는 것이 아니라 그가 한 행동, 혹은 그 행동을 하게 된 전후좌우의 사실관계에 대해 설명을 듣고 해결책을 찾는 것이 우선이다.

3. 문제제기를 할 때는 정당한 이유와 대안을 제시하라

누군가의 행동을 비판하거나 이의제기를 할 때는 그 사람을 탓하는 데 골몰할 것이 아니라, 그것을 틀렸다고 생각하는 정당한 이유를 설명하고, 어떤 대안이 있다고 생각하는지도 이야기해야 한다. 대안을 제시하며 문제를 함께 해결하고 싶다는 의사를 전달해야 불필요한 갈등을 줄일 수 있다.

4. 부정을 위한 부정을 하지 마라

갈등의 골을 가속화시키는 주된 요인은 무조건 상대의 말에 반박하며 오로지 부정을 위한 부정, 비난을 위한 비난, 상대방이 틀렸음을 주장하는 데 집중하기 때문이다. 상대방이 왜 그런 말이나 행동을 했는지, 왜 나와 다르게 반응하는지 근본 원인을 찾는 것이 아니라 반대하는 데만 에너지를 집중시키게 되면 미움만 커진다. 비난의 늪에서 빠져나와 정확한 근본 원인을 파악하고자 하는 진정성을 보여야 한다.

5. 비아냥거리지 마라

비아냥거리는 말투나 성의 없는 태도는 사태를 최악으로 악화시킨다. 상대방의 말이나 행동에 겉으로만 대응하면서 당장의 갈등 상황을 일단 회피하려고만 하는 무성의한 태도는 갈등을 장기간 누적되게 만든다.

6. 여러 사람 앞에서 한 사람을 비난하지 마라

심각한 이야기일수록 일 대 일로 대화를 나눠야 한다. 윗사람이든 아랫사람이든 여럿이 있는 자리에서 한 사람을 일방적으로 비난하는 것은 그 사람으로 하여금 인간적으로 무시당했다고 느끼게 만들 뿐이다.

7. 내 잘못을 깨달았을 때는 즉각 시인하라

갈등상황에서 내 생각이 틀렸음을 깨달았다면, 그것을 곧바로 인정할 수 있어야 한다. 잘못인 줄 알면서도 끝까지 우기고 회피하려 들면 인간관계는 더욱 나빠진다. 잘못을 받아들이는 것은 체면 깎이는 일이 아니라 용기 있고 발전적이며 존경 받을 만한 태도이다.

이거 알아요!

나와 다름을 인정하기

인간관계에서는 다름을 인정하고 서로를 배려하고 살피려는 마음이 우선되어야 한다. 심지어 의견이 다를지라도 상대가 틀린 것이 아니라 나와 다른 것임을 인정해야 한다.

한 어머니가 있었다. 그녀의 큰 아들은 짚신을 팔고, 작은 아들은 우산을 팔았다. 그 어머니는 비가 오나 날이 맑으나 항상 눈물바람이었다. 비가 오면 짚신 장사를 하는 큰 아들이 장사를 못할까 걱정하고, 날이 맑으면 우산 장수인 작은 아들이 장사를 못할까 걱정했다. 매일 매일 자식 걱정으로 노심초사하던 그녀는 마침내 병이 나서 몸져눕고 말았다. 왕진을 와서 맥을 짚던 의원이 그녀의 사정을 듣고는 한마디 했다.

"뭐가 걱정이십니까? 날이 맑으면 짚신 장사를 하는 큰아들이 짚신을 많이 팔아서 좋고, 비가 오면 우산 장사를 하는 작은아들이 우산을 많이 팔아서 좋지요."

그랬다. 우산 파는 아들과 짚신 파는 아들은 그저 장사 시기가 다른 것뿐이다.

6

사람의 마음을 움직이는 법

영향력 있는 사람이 되는 길

데일 카네기는 타인에게 좋은 영향력을 주며 건강한 관계를 만드는 비결에 대하여 '비판' 하지 않고, '비난' 하지 않으며, '불평' 하지 않는 것을 언급한다. 이른바 3C 법칙(Criticize, Condemn, Complain)이다. 이 세 가지를 잘 지키면 인간관계가 놀라울 정도로 개선되며, 타인의 마음을 움직이는 리더십의 토대를 갖출 수 있다는 것이다.

네트워크 마케팅은 결국 사람 비즈니스이다. 제품 전에 사람이 있고, 사업 전에 사람이 있다. 수입을 올리는 것도 사람의 힘이고, 인간적으로 성장하는 것도 사람 덕분이다. 따라서 네트워크 사업자는 사람의 마음을 움직이는 생활형 리더가 되어야 한다.

때문에 이 비즈니스를 한다면 모든 사람의 잠재력을 믿어야 한다. 그래야 그들의 마음을 움직여 함께 발전할 수 있다. 사람에게는 누구나 창조적인 힘이 있다는 것, 적절한 시기와 기회만 주어진다면 그 힘을 발휘할 수 있음을 믿을 때 그 마음이 상대에게도 전달된다. 다름 속에서 각자의 능력을 활용할 수 있도록 서로에게 힘과 용기를 주어야 한다.

〈사람의 마음을 움직이기 위한 방법〉

- 타인의 개성과 주체성을 존중하라

다른 사람의 마음이 항상 나와 같이 않음을 있는 그대로 인정하라. 내가 다른 사람을 먼저 존중할 때 그들도 나를 존중할 것이다.

- 두려움과 망설임을 이해하라

전에 해보지 않았던 새로운 일을 시도하고 있다면 누구나 의심과 두려움이 앞선다. 실패에 대한 두려움, 잘못된 방식일지 모른다는 의심은 너무나 당연한 것이다. 그 마음을 이해하고 공감해야 한다.

- 결과보다 과정을 격려하라

네트워크 사업자는 다른 사람에게 의욕을 심어주는 존재이며, 그러한 한 사람 한 사람이 모여 그룹 전체가 발전한다. 과정에서의 실수나 시행착오가 오히려 더 중요한 밑거름임을 서로에게 상기시키는 것이 중요하다.

- 먼저 대화를 청하라

사람을 만나 교류하고, 사람을 통해 발전하는 사업에서 무엇보다 중요한 것은 의사소통, 즉 끊임없는 대화이다. 자신을 먼저 오픈하고 조언을 청할 때 다른 이들도 대화에 기꺼이 응할 것이다.

7

장애물을 극복하는 노하우

장애물은 장애물이 아니다

혹자는 네트워크 마케팅이 기존의 성공법칙을 완전히 뒤바꿔놓았다고 말한다. 평범한 사람도 원하는 것을 이룰 수 있는 평등한 기회의 사업이자 자기성장을 통해 발전하는 교육적 요소가 강한 사업이기 때문이다.

모든 성공에는 배움의 시간이 소요된다. 원하는 것을 이루는 과정에는 다양한 장애물과 역경, 시련이 따른다. 가족이나 주변 사람들의 오해나 반대, 또는 돈이 문제일 수도 있다. 나아가 시간 부족, 회의감이나 의심이 장애가 될 수도 있다. 그중 가장 큰 장애물은 자기 자신에 대한 부정적 시각, 예를 들어 자신감 상실이나 의욕 상실이다.

그러나 인생을 큰 시각으로 바라볼 때 이런 장애물들은 성공하는 과정에서 거쳐야 할 필수 관문이자, 다음 단계로 발전하도록 만드는 전환점인 경우가 많다. 이 장애물을 어떻게 대하느냐에 따라 시련으로 끝나고 말 수도 있고, 귀한 경험적 자산이 될 수도 있는 것이다.

모든 성공자는 탄탄대로를 걸어온 사람이 아니라 여러 장애물을 넘어

지금까지 전진한 사람이다. 사업자로서 겪을 수 있는 여러 장애물에 대해서는 다음과 같은 요령으로 자신만의 해결책을 찾을 수 있을 것이다.

〈장애물이 닥칠 때는 이렇게 극복하라〉

- 무경험자가 아닌 유경험자의 조언에 귀 기울여라

만일 다이어트를 하고자 한다면, 살 빼는 데 실패했거나 살을 빼려 시도조차 안 해 본 사람이 아니라 실제로 살을 빼는 데 성공한 사람에게 조언을 구하고 싶을 것이다. 마찬가지로 성공적인 사업자가 되려면, 이 사업을 접한 적이 없거나 실패한 사람의 이야기("그런 일을 왜 해?", "누구누구도 그런 사업을 하다가 실패했다더라.", "당신이 그런 일을 어떻게 하겠어?")들은 사실상 도움이 되기 어렵다. 만약 사업적인 어려움을 겪고 있다면 네트워크 마케팅을 통해 성공의 관문에 들어서본 사람들의 실질적이고 전문적인 조언을 골고루 들어보아야 한다.

- 복제를 통해 익히고 연습하라

네트워크 사업자의 성공의 가장 큰 비결은 성공자들의 사례를 복제함으로써 스스로 연마할 수 있다는 점이다. 다른 리더들을 참조하여 기본기과 성공법칙을 습득하고 그들이 겪은 시련이 어떤 것이며 어떻게 해결했는지를 배우는 것이 중요하다.

- 장애물을 분석하고 원인을 쪼개어 해결하라

사업자로서 경험하는 장애물 중에는 실패나 거절에 대한 두려움, 자신에 대한 불신이 큰 비중을 차지한다. 이처럼 장애물이 무겁고 부담스러울수록 그 원인을 여러 각도에서 쪼개어 분석해보는 과정이 필요하다. 지금의 상황과 문제의 원인을 찾아보고, 해결책에 관한 정보를 검색하고, 지금 할 수 있는 대안들을 점검하는 것이다.

큰 문제를 한꺼번에 해결하려 들지 말고, 당장 할 수 있는 작은 일들부터 실천에 옮긴다면 어느새 장애물들이 하나씩 해결되어가고 있음을 발견할 것이다. 오늘 꼭 해야 할 일과 더 중요한 일을 구분하고, 체크리스트를 만들어 체크하고, 스스로 정해 놓은 기한을 지키는 등 '지금' 과 '오늘' 에 집중하는 데서 실마리를 찾을 수 있다.

- 완벽하지 않아도 괜찮다고 스스로에게 말하라

'성공한 사람' 은 곧 '실패해본 사람' 과 같은 말이다. 크게 성공한 사람일수록 실패의 경험들이 풍부하다. 그들은 그 경험들을 성공의 수단으로 전환시킨 것이다. 누구나 처음부터 완벽하게 모든 것을 잘해내고 생소한 일들을 능숙하게 해낼 수는 없다. 실패를 얼마나 했느냐가 아니라 그 실패를 어떻게 받아들였느냐가 중요하다. 때로는 불완전한 자기 자신을 있는 그대로 인정하고 격려할 줄 아는 여유가 필요하다.

- 믿는 대로 이루어진다는 진리를 기억하라

네트워크 사업자에게 가장 핵심적인 성공의 필수요소는 마음을 열고 자신을 믿는 데 있다. 새로운 경험, 새로운 만남, 새로운 기회를 적극 받아들이고 불가능성보다는 가능성을 믿는 사람이 결국에는 성공자의 대열에 올라선다. 사람은 자신의 믿음의 그릇만큼 성장하고 발전한다. 그 그릇의 크기를 결정하는 것은 누구도 아닌 자기 자신이다. 자신을 믿고 미래를 믿는다면 현재의 역경도 소중한 기회가 될 것이다.

7장

진심보다 더 강한 테크닉은 없다
후속조치

1

모든 것은 자세에 있다

자세가 에너지를 만든다

네트워크 비즈니스는 이른바 '관계' 의 비즈니스다. 관계를 통해 소개받고, 관계를 통해 배움을 얻고, 관계를 통해 자신의 삶을 발전시킨다.

모든 인간관계는 가는 게 있으면 오는 게 있다. 이 쌍방향적인 상호 소통이 만들어내는 보이지 않는 에너지는 어마어마한 것이다. 네트워크 비즈니스에서의 성공은 결국 이 엄청난 에너지를 내 것으로 만들어 스스로 새로운 에너지를 생성해낼 때 이뤄진다.

그렇다면 이 보이지 않는 뜨거운 에너지를 어떻게 내 것으로 받아들일까? 이를 가능케 하는 것이 바로 '자세' 이며, 여기에 이 사업의 성공과 실패가 달려 있다.

비단 사업뿐인가? 모든 인생은 자세에 따라 그 의미가 달라진다. 아무리 겉이 화려해도 가난한 마음 자세로 사는 사람은 평생 가난한 자로 사는 것이고, 지금 상황이 초라하고 보잘 것 없어도 마음속에 열정과 희망의 자세가 가득한 사람은 반드시 원하는 바를 얻게 된다. 내 안의 작은 에너지를 큰 에너지로 바꾸는 것이 바로 자세의 힘이다.

〈네트워크 사업자의 자세〉

1. 긍정의 자세

긍정의 자세는 아무리 어려운 상황에서도 해결의 실마리를 찾아낼 수 있게 해준다. 현재 상황을 지나치게 비관하지도, 낙관하지도 않는 균형 잡힌 긍정의 자세는 이성적 판단력을 높여준다.

2. 열정의 자세

열정의 자세란 확고한 목표 하에 체계적으로 움직인다면 반드시 원하는 미래를 만들 수 있다는 자기 확신을 갖는다는 것이다. 과거에 집착하거나 먼 미래의 망상에 매달리지 않고 '지금, 여기' 에 집중하고 최선을 다할 때 열정의 자세가 만들어진다.

3. 발전의 자세

네트워크 비즈니스는 사업을 시작한 순간부터 모든 것을 새로 배우고 익히는 하나의 커다란 교육과정이다. 여기에서 교육이란 자신의 내면을 지식적인 측면에서나 실생활적인 측면에서나 더 나은 사람으로 업그레이드 시킨다는 의미이다. 배우고 익히고 발전한다는 자세야말로 사업자의 자세이다.

2

리더는 항상 질문하고 체크하라

제자리에 머무르지 않는 비즈니스

네트워크 마케팅의 리더는 고객, 스폰서, 파트너 등 수많은 사람들과의 협력과 교류, 공생을 통해 성장한다. 성공적인 사업 진행을 위해서는 이러한 교류를 향상시키고 다양한 종류의 상호관계를 양적으로, 질적으로 확장 및 발전시켜야 한다.

그러기 위해서는 항상 다른 사람들이 원하는 것이 무엇인지를 질문하고 체크하는 자세가 되어 있어야 한다. 많은 사람들의 가장 핵심적인 니즈를 확인하고 파악하는 것이야말로 마케팅의 기본이자 네트워크 마케팅의 사업적 본질이라 할 수 있다.

따라서 리더는 늘 타인과의 교감을 준비해야 한다. 다른 사람의 말과 행동, 표정을 살피며 그 사람이 원하는 것, 원하지 않는 것, 어려워하는 것, 고민하는 것, 망설이는 것을 재빨리 캐치하려면 질문하고 체크하는 습관을 들일 필요가 있다.

미래에는 인공지능이나 기계가 사람의 직업의 상당 부분을 차지할 것이라는 전망이 있지만, 사람과 교류하고 공감하며 늘 질문하고 대답하는 네트워크 마케팅의 기본 속성은 절대 기계가 할 수 있는 것이 아니다. 사람의 마음을 움직이는 일은 오직 사람만이 할 수 있으며, 이것이 네트워크 마케팅의 가장 큰 특징이기 때문이다.

〈질문하고 파악하는 리더의 행동지침〉

- 누구를 만나든 상대방을 가볍게 여기지 마라.
- 스쳐지나가는 사소한 만남이라도 중요시하라.
- 고객이나 예비사업자, 동료사업자와 만남의 자리를 가질 때에는 사무적이거나 형식적, 본심을 숨긴 가식적 태도로 대하지 않는다.
- 사업을 잘하기 위한 기본 원칙을 숙지하되, 사람을 대할 때는 진심을 다해 자신의 느낌을 따라가라.
- 대접받으려 하기 전에 상대방을 배려하고 존중하라.
- 누군가를 만날 때에는 그 사람의 특징과 성격, 현재의 상황들을 반드시 숙지해두고, 그 사람의 상황에 맞게 대하라.
- 사업적 마인드 이전에 인간적인 교감을 먼저 쌓아라.
- 적절한 질문과 경청을 통해 상대방의 이야기를 주의 깊게 듣고, 그 사람의 정신적, 경제적 현황을 체크하라.

3

고객과 사업자를 내 편으로 만드는 실전기술

① 고객과 사업자에게 신뢰를 얻지 못한 이유는 여기에 있다

아무리 노력해도 상대방이 마음을 열지 않는 때가 있다. 아무리 열의를 다해 사방으로 뛰어다니며 많은 사람을 만나도 고객들이나 사업자들로부터 깊은 신뢰를 얻지 못하는 느낌을 받을 때도 있다.

네트워크 마케팅은 서로 다른 환경에서 살아왔던 다양한 사람들과 믿음을 주고받는 일이다. 그럼에도 매일 쉬지 않고 바쁘게 움직이며 열정을 다하는 것 같은데 사람으로부터의 신뢰를 얻는 것만큼은 어렵게 느껴지는 경우가 적지 않다.

그 이유는 아주 간단하다. 다른 사람들이 의심 많은 성격이어서가 아니라, 나의 마음이 그들에게 충분히 열리지 않음으로 인해 내 마음을 충분히 전달하지 못했기 때문이다.

누군가를 처음 만나고 헤어졌다고 치자. 그 사람이 내 이야기를 열심히 들어주고 조금이라도 관심을 표했을 때, 상대방에게 충분히 감사인사를 하는가? 누군가가 힘들어하거나 고민하거나 좌절했을 때 마음을 다해 격려의 표현을 한 적이 있는가?

내 의견에 반대하거나 '태클' 을 거는 누군가에 대해서조차 내 발전의 밑거름이 되어줌에 감사한 적이 있는가?

타인의 신뢰를 얻으려면 내가 먼저 타인에게 신뢰를 가져야 한다. 그 신뢰를 감사표현으로, 격려표현으로, 칭찬표현으로, 염려와 공감의 표현으로 말하고 전달해야 비로소 상대방의 마음도 열린다. 당연하고 사소한 모든 것에 진심을 담아 표현하고 전달하는 습관을 들일 때 나를 대하는 상대의 태도에도 변화가 시작될 것이다.

② 칭찬과 감사에도 노하우가 있다

인간관계가 유연한 사람들은 단지 '성격이 좋아서' 가 아니다. 이런 이들은 남을 칭찬하고 감사하는 표현을 많이 한다.

'내 편' 을 많이 만들려면 감사와 칭찬의 언어 표현을 습관화해야 한다. 그렇다고 무조건 입에 발린 인사치레를 남발하라는 뜻이 아니다. 진심이 담기지 않은 형식적인 인사, 그저 내뱉는 감사와 칭찬의 경우 상대방도 진심이 아니라는 것을 금방 알아챈다.

진정한 칭찬과 감사, 형식적인 칭찬과 감사 사이에 무슨 차이가 있느냐고 갸우뚱할 수도 있다. 얼핏 보기에는 크게 다를 바 없어 보여도 둘 사이에는 결정적인 차이가 숨어 있다. 똑같은 언어를 사용해도 두 가지는 상대방에게 전혀 다른 느낌을 전달한다. 사소한 감사인사라도 정말 그렇게 느껴서 말하는 것과, 장황한 미사여구를 동원해 아부를 해도 속으로는 전혀 그렇게 생각하지 않는 것은 결과적으로 전혀 다른 효과를 낳는다.

말 한 마디에 자신의 진심을 담아 전달하는 구체적인 노하우는 다음과 같다.

- 그 사람의 긍정적인 부분, 장점, 자신 있어 하는 부분, 돋보이는 점을 언급한다.
- 막연하게 말하지 말고 구체적으로 꼬집어서 감사와 칭찬을 표현한다.
- 그 사람의 부정적인 부분, 단점, 자신 없어 하는 부분, 열등해 보이는 부분을 굳이 언급하지 않는다. 아무리 좋은 뜻으로 말하려 한 것이었어도, 상대방의 부정적인 면을 언급한 순간 상대방은 그 부분에만 집중하여 기분이 상하고 만다.
- 진심을 다해 말하는 가장 효과적인 방법은 '마음에도 없는 말' 은 하지 않는 것이다.
- 상대방이 나의 감사표현이나 칭찬에 시큰둥한 반응을 보이더라도 원망하거나 서운해할 필요 없다. 때로 진심은 시간을 들여 천천히 효과를 발휘할 때도 있다.

③ 내 편으로 만드는 몸짓 언어

사람과의 만남에서 인상을 결정짓는 요소로는 언어적인 것과 비언어적인 것이 있다. 언어적인 것은 직접적인 표현으로 전달되지만, 비언어적인 것은 상대방을 만나는 처음 순간부터 헤어지는 마지막 순간까지의 시공간의 분위기를 만들어낸다.

비언어적인 요소의 대표는 바로 몸짓 언어로 표정, 눈빛, 자세, 걸음걸이, 목소리 등이 모두 해당된다. 좋은 몸짓 언어의 습관을 가지고 있는 사람은 다른 사람에게 신뢰감을 주며 의사소통이 원활하여 '다시 만나고 싶은 사람' 으로 느끼게 만든다. 눈빛에 생기가 돌며, 자세는 경직되어 있지 않아 편안함을 주고, 발걸음에도 힘이 있으며, 목소리는 또렷하고 발음이 정확하다. 비즈니스에서는 이러한 건강한 몸짓 언어를 지닌 사람이 더 많은 사람을 끌어 모으고 더 큰 성공을 이룬다.

사람들을 내 편으로 만들 수 있는 몸짓 언어를 습관화하기 위해서는 다음 사항들을 주의해야 한다.

- 인사나 대화를 나눌 때 상대방의 시선을 피하거나 멍하니 딴 곳을 보지 않는다.
- 때와 장소에 걸맞은 적절한 미소를 잃지 않는다. 편안함을 주는 밝은 미소는 타인에게도 긍정적인 에너지를 전달하는 효과가 있다.
- 허리를 곧게 세우고, 어깨도 구부정해지지 않도록 당당하게 편다.
- 대화를 나눌 때는 상체를 살짝 상대방 쪽으로 기울여 관심과 경청의 마음을 표현한다.
- 다른 사람이 이야기를 할 때 휴대폰을 확인하거나 물건을 만지작거리지 않는다.
- 대화할 때는 상대방과 적당한 거리를 유지한다. 너무 가까우면 상대방에게 부담을 주고, 너무 멀면 친근감을 형성하기 어렵다.
- 힘없이 걷거나 신발을 질질 끌며 걷지 않는다.
- 의자에 앉아있을 때는 다리를 꼬거나 한쪽 다리를 떠는 습관을 자제한다.
- 이야기를 할 때는 목소리가 너무 기어들어가거나 너무 우렁차지 않도록 주의한다.
- 악수를 할 때는 손을 쥐는 악력이 너무 세거나 약하지 않도록 한다.
- 큰 소음을 내며 의자를 밀거나 출입문을 시끄럽게 여닫지 않도록 주의한다

④ 마음을 사로잡는 몸짓의 단어

몸짓 언어에는 그 사람의 감정과 심리를 읽을 수 있는 수많은 단서가 숨겨져 있다. 말은 거짓으로 포장할 수 있지만 다양한 종류의 비언어적 채널은 숨길 수 없다.

따라서 상대방의 말투, 표정, 손짓, 눈빛 같은 여러 몸짓 언어를 통해 그 사람의 심리 상태와 진심을 파악할 수 있으며, 심지어는 말보다 더 많은 의미를 읽어낼 수도 있다. 즉 효과적인 의사소통과 인간관계를 위해서는 '진심'을 다하는 것도 중요하고, 상대방의 몸짓 언어를 잘 알아차리는 것도 매우 중요하다.

그러기 위해서는 오감을 동원해 상대방을 면밀히 살펴볼 필요가 있다. 예를 들어 말로는 아니라 해도 인상을 쓰고 있거나 주먹을 꽉 쥐고 있다면 그 사람은 속으로 화가 나 있거나 불쾌하거나 반대의견을 갖고 있을 수 있다. 시선을 피하거나, 팔짱을 끼거나, 등받이에 상체를 기대어 앉아 있는 것은 지금 지루하거나 공감을 못한다는 뜻일 수 있다.

따라서 누군가를 만날 때는 상대방이 지금 불편한 심정은 아닌지, 화가 나 있거나 불안해하고 있지 않은지 잘 관찰하고 배려하고 질문하면서 대화를 시도해야 한다. 상대방이 진짜로 원하는 바를 포착하고 이해한다면 좀 더 깊은 의사소통을 할 수 있으며 난감한 상황도 해결할 수 있을 것이다.

반대로 말하면, 행여나 내가 '마음에도 없는 소리'를 할 때도 겉으로 표출되는 수많은 몸짓 단서가 그것이 거짓임을 드러낼 수 있다는 의미다. 따라서 상대 역시 내 몸짓을 통해 속내를 파악할 수 있음을 염두에 두고, 감정을 능동적으로 표현할 줄 알아야 한다.

예를 들어 상대방의 이야기를 들을 때는 상체를 살짝 앞으로 기울여 관심을 표현하고, 호감을 표현할 때는 시선을 마주치며 미소를 짓는 것도 몸짓 언어다. 이러한 몸짓 언어를 잘 사용하면 상대방과의 공감을 표하고 진심을 보다 효과적으로 전달할 수 있다.

이거 알아요!

동기부여의 다양한 방법들

• 금전

금전적인 보상은 가장 빠르고 효과적인 동기부여다. 하지만 이것이 상대를 보상에 의타적으로 만들 수 있으므로 너무 꾸준히 사용하지 않는다.

• 격려나 칭찬

격려나 칭찬은 부담이 없는, 가장 좋은 동기부여이다. 상대의 장점을 찾아내 칭찬하고 인정해 주자. 하지만 이것도 지나치게 되면, 상대도 이에 무디어져 효과가 떨어진다. 칭찬을 할 때는 늘 마음에서 우러나오도록 하자.

• 확신

동기는 부여하는 것도 중요하지만, 부여하는 방법도 중요하다. 누군가에게 동기를 부여할 때는 내 기준에 맞추는 대신, 상대가 스스로 그것을 해낼 수 있도록 중간 다리가 되어준다는 생각을 간직하자. 즉 상대가 무엇을 통하면 힘을 얻을 수 있는지를 분석해서 활용하자.

● 의욕

상대에게 동기가 유발되었다면 그 의욕을 키워보자. 그렇다면 어떤 방법이 가장 효율적일까? 대답은 간단하다. 자극을 주면 된다. 하지만 여기서도 상대의 꿈과 환경을 잘 알아야 한다. 예를 들어 하루 하루 먹고살기도 힘든 사람에게, 허망한 꿈은 아무 도움이 되지 못한다. 각자의 꿈에 맞춰 적절한 동기를 불러일으키자.

⑤ 절대 하지 말아야 할 한 마디

'말 한 마디가 천 냥 빚을 갚는다' 는 속담이 있다. 특히 네트워크 마케팅처럼 인간관계와 소통이 중요한 기능을 하는 비즈니스에서는 잘못 내뱉은 말 한 마디가 결정적인 악영향을 끼치기도 한다. 말 한 마디로 내 곁에 사람들이 모여들 수도 있고, 사람들이 떠날 수도 있다.

사람들을 모여들게 하는 말이란 화려한 언변이 아니라 '진실' 된 말, '진심' 인 말이다.

당장의 이익을 위해, 혹은 위기를 모면하기 위해 사실이 아닌 말을 한다면 그 사람과의 관계는 언젠가는 안 좋게 끝난다. 신뢰를 기반으로 하지 않은 관계는 모래로 쌓은 성과 같기 때문이다. 절대 해서는 안 되는 말에는 다음과 같은 것들이 있다.

- 감정

: 어려운 상황이나 갈등상황일수록 격앙된 감정을 실은 감정적인 말은 자제해야 한다. 무심코 내뱉은 감정적인 말 한 마디는 사람을 잃게 만드는 가장 큰 원인이다.

- 훈계

: 상대방을 훈계하고 가르치는 말, '당신 생각은 틀렸다.' 라고 강조하는 말, 상대방이 옳지 않음을 단정 짓는 말은 상대방의 마음을 닫게 하는 가장 피해야 할 말들이다. 아무리 상대방의 생각이 틀렸다고 생각되더라도 가르치려 들지 말고 우선 상대방을 인정해주고 그 다음에 내 의견을 피력해야 한다.

- 험담

: 다른 사람을 흉보는 말, 경쟁회사를 험담하는 말, 특정 계층(여성, 남성, 장애인, 외국인, 특정 사회계층, 특정 직업군)을 비하하는 말을 하는 것은 자기 자신을 깎아내리는 말들이다. 남을 험담하는 사람치고 타인의 신뢰를 얻을 수 있는 사람은 없다.

- 독촉

: 제품에 대해, 사업에 대해 결정을 강요하고 독촉하는 말이야말로 인간관계를 망치는 지름길이다. 아무리 좋은 의도에서, 혹은 안타깝고 조급한 마음에 결정을 재촉한 것이라 할지라도 독촉을 받은 상대방은 마음을 닫을 것이다.

- 부정

: 상대방이 이의제기를 했을 때, 반대의견을 말했을 때, 나와 다를 생각을 말했을 때, 질문을 했을 때, 단번에 '아니다, 안 된다, 불가능하다' 라고 하는 것은 그 사람과 더 이상 대화를 이어나가기 싫다는 뜻이다. 무조건 부정적인 표현보다는 다른 대안을 조심스럽게 제시하는 것이 좋다.

⑥ 화날 때 해야 하는 말과 해서는 안 되는 말

사람이 화를 내는 데는 반드시 이유가 있다. 내가 실수를 저질렀을 수도 있고, 오해가 있었을 수도 있다. 따라서 우선은 내 행동과 말을 돌아볼 필요가 있다.

화를 불러일으킨 상대를 만났다면 우선 적당한 거리를 두고 앉아야 한다. 너무 가까이 정면으로 얼굴을 맞대고 앉는 것은 서로 대결하는 것처럼 느껴져 감정이 맞서기 쉽고 냉정하게 대화하기 어려워지기 때문이다. 따라서 가능하면 대각선 자리에 앉거나 L 자형으로 앉으면, 중요한 얘기를 할 때는 얼굴을 볼 수 있고, 생각하고 싶을 때는 시선을 피할 수 있게 된다. 때로 비슷한 생각을 하거나 같은 일에 종사하는 사람들끼리 나란히 앉기도 하는데 이렇게 나란히 앉으면 압박감에서 자유로우면서 대등하게 대화를 나누거나 의논을 하기 좋기 때문이다.

〈화날 때 해서는 안 되는 말〉

- 욕설, 비아냥거리는 말

: 욕설, 모욕적인 말, 비아냥거리는 말, 비웃는 말들은 자신과 상대방을 분노의 소용돌이에 휘말리게 한다.

- 맞받아치는 말

: 화가 날 때 상대방의 말을 그대로 받아치거나 분노를 담아 대꾸하는 것은 증오의 싹을 틔울 뿐이다.

- 인신공격

: 상대방의 콤플렉스, 열등감, 약점 등을 지적하여 공격하는 말은 때로 돌이킬 수 없는 결과를 가져오기도 한다.

- 과거의 일

: 지금 일어나고 있는 일이 아닌 과거의 일을 끄집어내어 상대방을 자극하는 것은 화를 더욱 부채질한다.

- 논란거리

: 학력, 출신, 정치, 종교 등 논란을 불러일으킬 수 있는 화제는 입에 올리는 것만으로도 관계 악화를 재촉할 수 있음을 항상 염두에 두자.

〈화날 때 해야 하는 말〉

- 화가 났음을 알리는 말

: 비아냥거리거나 우회적으로 공격하지 말고 '이러이러한 이유로 내가 지금 화가 났다' 는 메시지를 있는 그대로 전달하는 것이 낫다.

- 인정의 표현

: 핑계를 대거나, 길게 둘러대거나, 변명을 하거나, 이리저리 돌려서 말하는 것은 화를 푸는 데 도움이 되지 못한다. '화가 났다' 는 나의 감정을 그대로 인정하는 것은 문제 해결과 관계 개선의 여지를 열어준다.

- 공감의 표현

: '내가 당신이라면 나 역시 화가 났겠다' 라며 상대방의 입장을 공감하고 이해하려는 노력을 할 때 분노가 덜어지고 감정도 안정시킬 수 있다.

⑦ 상처를 주는 말 하지 않는 방법

때때로 전혀 그럴 의도가 아니었는데 상대방에게 상처를 주는 경우가 있다. 내 입장에서는 상대방을 위해서 해준 말인데 상대방은 두 번 다시 나를 안 보겠다고 결심하기도 한다. 그럴 때 우리는 억울하고, 서운하고, 상대방을 탓하게 되기도 한다. 하지만 내 한 마디나 태도로 상대방이 상처를 입었다면 거기에는 분명히 내가 미처 생각하지 못한 원인이 있을 것이다. '내가 말하는 것' 에만 집중한 나머지 '상대방에게 어떻게 들릴지' 를 신경 쓰지 않았을 가능성이 높다.

예를 들어 뭔가를 설명하면서 "이해가 되세요?" 혹은 "이해가 안 되세요?" 라며 '확인사살' 을 위한 질문을 덧붙였다고 치자. 내 입장에서는 상대방이 내 말을 제대로 이해했는지 확인하려고 물어본 것이지만, 상대방으로서는 '내가 이해를 못할 거라고 생각하나? 이 사람이 나를 무시하는 것 아니야?' 라는 생각이 들 수도 있다. 이해력의 책임을 내가 아닌 상대방에게 떠넘기며 '이 설명을 이해하지 못하는 당신은 이해력이 딸리는 것이다.' 라는 뉘앙스를 준 셈이다.

이런 경우는 반대로, 책임을 상대방이 아닌 설명하는 나 자신에게 돌리는 표현법, 예를 들어 "제 설명이 부족하지 않았나요?" 같은 질문이 좋다. '이 설명을 이해하지 못한다면 그것은 설명력이 부족한 제 책임입니다.' 라는 뉘앙스를 풍길 테고, 따라서 상대방이 상처받을 일은 없을 것이다.

말을 통한 오해와 상처는 직접 대면에서뿐만 아니라 오로지 말에만 의존해야 하는 전화통화에서도 자주 벌어진다. 심지어 면대면 대화에서는 비언어적 몸짓 언어, 예를 들어 표정, 말투, 제스처도 함께 사용할 수 있는 반면, 특히 전화통화에서는 몸짓 언어의 단서를 전혀 알지 못한 채 오로지 목소리로만 커뮤니케이션을 하기 때문이다. 따라서 전화통화로 다투거나 언쟁을 벌이면 상호 간 상처가 더욱 커질 수밖에 없다.

이럴 때일수록 공감의 표현, 양해를 구하는 표현, 책임을 상대방이 아닌 나에게 돌리는 표현들을 동원하여 '당신과 소통하기 위해 노력하고 있다' 라는 진심을 최선을 다해 전달해야 한다.

⑧ 문제를 해결하는 대화법

다른 사람과 의견충돌이 강하게 일어났을 경우, 오로지 싸움에서 이기려고 감정을 소진하는 것은 문제 해결에 아무런 도움이 되지 않을뿐더러, 상대방과의 관계도 돌이킬 수 없이 나빠지게 된다.

따라서 어떤 경우라도 '나는 이 문제를 어떻게든 해결하고 싶다' 는 마음이 전달되도록 최선을 다해야 한다. 여기서 필요한 것은 먼저 잘못을 인정하고 사과하는 표현, 설령 이 문제의 책임이나 원인이 내게만 있는 것이 아니라 할지라도 일정 부분 내가 짐을 지고 가겠다는 태도, 정중하고 예의 바르게 상대방을 대접하는 말투와 표현이 중요하다. 이것만으로도 문제의 상당 부분을 해결하는 데 큰 도움이 되며, 최소한 상대방의 분노감정을 다소 누그러뜨릴 수 있다.

또한 단순히 사과하고 공감하는데 그치지 않고 실질적인 문제해결을 위해 어떻게 할 것인가에 대해 방법을 찾는 쪽으로 대화를 유도하는 것이 좋다. 직접적인 해결책이 없다면 차선책이나 대안, 플랜 B를 제시하려는 노력도 필요하다.

내가 진심으로 노력하고 있다는 것이 전달된다면 상대방도 무조건 화를 내기보다는 함께 해결책이나 차선책을 찾으려 할 것이다. 문제 해결 의지를 전달하는 표현법과 대화법으로는 다음과 같은 것들이 있다.

[1단계] 이해와 공감 표현

"저라도 기분이 나빴을 거 같아요."

"그 상황이면 누구나 당황스러웠을 거예요."

"화날 만한 일이라는 것을 이해합니다."

"마음이 많이 상하셨군요."

[2단계] 사과와 책임의 표현

"죄송합니다. 제 책임입니다."

"제가 거기까지는 미처 생각하지 못했습니다."

"제 부족함 때문입니다."

"제 잘못임을 인정합니다."

[3단계] 해결책을 찾는 표현

"제가 어떻게 하는 것이 좋을까요?"

"어떤 해결책이 좋겠습니까?"

"좋은 방법이 있다면 저에게 조언해 주시겠어요?"

[4단계] 차선책을 찾는 표현

"차선책으로 이런 방법은 어떨까요?"

"그 방법은 당장은 어렵겠지만, 그 다음 방법으로 A와 B 중에 어떤 것을 선택하는 것이 나을까요?"

⑨ 논쟁을 피하는 방법

대화만으로는 원만한 해결이 어려울 때도 있다. 감정이 격앙되는 것을 넘어 갈등이 심화될 때 가장 직접적인 해결책은 사실적인 증거를 제시하는 것이다.

특히 사업 상 다양한 상황 속에서 서로의 반대질문이나 반대의견에 대해 서로 감정을 건드리지 않으면서 갈등을 해결하기 위해서는 사실에 입각한 설명과 증거를 제공하는 것이 효과적이다. 사실적이고 과학적이며 근거 있는 자료와 증거는 논쟁을 줄이는 대신 신뢰감을 높이는 효과가 있다. 네트워크 마케팅 사업자라면 정확한 정보와 사실을 제대로 숙지해야 함은 물론이고, 다른 사람들에게 보여줄 수 있는 자료들을 늘 준비해 놓고 있는 것이 좋다.

- **객관적인 데이터** : 과학적 연구결과, 통계자료, 공식 기관의 자료나 테스트 결과
- **실제 사례** : 제품 사용자들의 실제 사용 후기와 소감
- **언론보도자료**: 제품, 회사, 사업과 관련된 신문기사나 방송 내용, 언론 보도자료
- **권위 있는 자료** : 관련 협회(전문가협회, 미 FDA, 보건복지부 등)의 인증 내용, 유명인의 추천사
- **시각적 데이터** : 도표, 그래프, 도해, 일러스트, 사진, 샘플 등 시각적으로 단번에 이해될 수 있는 자료들
- **보증서** : 제품의 합법성과 공신력을 인증해줄 수 있는 보증서

⑩ 양보를 이끌어내는 대화의 법칙

최선을 다해 타인을 이해하고, 공감을 표하고, 갈등상황을 풀어내는 모습은 상대방의 양보를 이끌어내는데도 큰 도움을 준다. 사업을 진행하다보면 내가 먼저 양보해야 할 때도 있지만, 부득이하게 상대방에게 양해를 구하거나 양보를 부탁해야 하는 경우도 있다. 이때 시간과 진심을 들이면 상대방도 기꺼이 한 발 물러서는 태도를 보여줄 것이다. 양보를 이끌어내야 할 때는 다음과 같은 표현들을 적절히 사용하는 것이 좋다.

- 완곡한 표현

: 양보를 이끌어낼 때 강압적, 요구적 표현은 금물이다. 사실은 있는 그대로 말하되, 표현은 최대한 완곡하고 간곡하게 한다.

- 양해의 표현

: "양해해 주셨으면 좋겠습니다.", "그렇게 해주시겠습니까?", "괜찮으시겠습니까?" 처럼 상대방의 아량을 구하는 질문을 한다.

- 존중의 표현

: "이런 방법이 좋을 것 같은데 어떻게 생각하십니까?" 등을 덧붙여 상대방의 의견과 입장을 존중하고 있음을 전한다.

- '다음' 의 표현

: "그 대신 다음 기회에는 이러이러한 혜택을 드리겠습니다.", "다음에는 이런 일이 없도록 노력하겠습니다." 와 같이 개선의 여지를 약속한다.

4

상대방을 내 편으로 만드는 실전 대처법

상대방을 '내 편'으로 만드는 방법

네트워크 사업에서 스킬보다 더 중요한 것은 상대방을 '내 편'으로 만드는 것이다. 이것은 표면적인 말재주나 화법 매뉴얼만 가지고 할 수 있는 일이 아니다.

방법도 중요하지만 그보다 더 중요한 것은 마음을 얻는 과정에서 일어나는 상호작용의 순간들이다. 그래서 '진심보다 더 강한 테크닉은 없다'라고 하는 것이다.

사람들의 입장과 생각은 각각 다르기 때문에, 다양한 사람을 만나다 보면 미처 생각하지 못했던 반응이나 질문을 받기도 하고, 당황스러운 상황에 처하기도 한다. 그러나 어떠한 상황이라도 우선적으로 상대방의 입장을 먼저 배려한다면 해결책은 찾을 수 있다.

만약 반대하는 질문이나 캐묻는 말, 따지는 말 등 부정적인 질문공세가 이어지는 경우라 하더라도, 그 상황을 그대로 '비즈니스 미팅'의 현장으로 만들면 된다. 그런 과정에서 상대방은 자신의 생각과 다른 새로운 정보를 접할 수 있고, 오해나 편견을 풀 수도 있다.

상대방은 나와는 환경과 상황과 생각이 다른 주체임을 잊지 말아야 한다. 항상 내 입장이 아닌 타인의 입장에서 생각하는 것이 중요하다.

[내 편으로 만들기 1단계 : 부정적 반응에 대처하기]

- [꼬리에 꼬리를 무는 질문 → 비즈니스 토론]으로 연결시키기

: 거절, 반박, 비판 등 부정적 반응이 돌아왔다고 해서 실망하거나 당황할 필요는 없다. 그것은 상대방으로서는 아주 당연할 수 있다. 이때는 공격적이지 않은 태도로 새로운 관점의 이야기를 상대방에게 질문 형식으로 던지고, 상대방이 대답을 하면 좀 더 구체적으로 설명을 덧붙이며 자연스럽게 토론 형식의 미팅을 이끌어나갈 수 있다.

- 물러서기

: 부정적 반응이 강하거나 거부감을 강하게 드러내는 사람에게 그 이상 뭔가를 설명하려 하거나, 강요하거나, 요구하는 것은 오히려 역효과를 낳는다. 이럴 때는 새로운 정보를 제공한다 하더라도 상대방은 귀를 기울이지 않을 것이다.

강한 부정 반응을 보이는 사람은 만남을 다음 기회로 기약하고, 사업적인 화제를 계속 꺼내기보다는 인간적인 교감을 쌓는 과정이 먼저 이뤄져야 한다.

- 샘플이나 카탈로그는 적절한 타이밍에 제공하기

: 강한 부정적 반응을 보이는 사람에게는 설문지나 자료 정도만 제공하고 다음 만남을 기약하는 것이 좋다. 그렇다고 샘플 제품이나 카탈로그를 무조건 안겨준다면 그 만남은 일회성으로 끝날 수도 있고, 제공받은 샘플이나 카탈로그를 하찮게 생각할 수도 있다. 자료나 카탈로그 제공은 과하지 않게 하고, 이유 없는 선물이 아니라 상대방을 위한 정보를 제공하기 위한 목적임을 알려야 한다.

[내 편으로 만들기 2단계 : 대화를 사업으로 연결시키기]

- 상대방의 상황 알기

: 사업과 관련된 모든 만남은 개인적 잡담을 위한 자리가 아니다. 상대방이 무엇을 원하는가를 알아내고, 상대방이 지금 어떤 상황에 처해 있음을 파악하는 중요한 과정이다. 그래서 경청과 이해의 태도가 반드시 필요하다.

- 상대방이 가장 원하는 것 이해하기

: 대화를 하다 보면 상대방의 개인사적 어려움이나 곤란한 상황을 파악할 수 있다. 상대방이 자신의 사정을 드러낸다는 것은 그만큼 인간적 교류의 틈이 넓어졌다는 뜻이다. 이때는 사업 이전에 인간 대 인간으로서 상대방의 마음을 이해하고 공감하려는 노력과 태도가 필요하다.

- [개인적 관심사 → 사업적 마인드]로 연결시키기

상대방의 이야기를 듣다 보면 지금 그 사람에게 가장 필요한 것, 가장 원하는 것, 가장 부족한 것이 무엇인지에 대한 실마리를 찾을 수 있는 기회가 온다. 그 순간 상대방이 언급하는 것을 사업이나 제품과 연결시킬 수 있다.

예를 들어 자녀를 키우고 있는 부모라면 자녀 교육이나 건강과 관련된 주제에 가장 큰 관심을 보일 것이며, 그와 관련된 '제품' 을 필요로 할 것이며, 그러한 것을 제공할 수 있는 '경제적 능력' 을 갖춘 부모가 되고자 할 것이다. 즉 상대방이 보이는 관심사를 제품이나 사업과 연결시켜 정보를 알려주거나, 그 제품이 있을 때 어떤 이점이 있는지, 혹은 관련 사업이 부모로서의 삶에 어떤 도움을 줄 수 있을지를 연결시켜 설명하는 것이다.

모든 해결책은 상대방의 말 속에 있음을 기억하라. 내 이익을 채우기 위해서가 아니라 상대방에게 필요한 것을 제공한다는 자세로 대화를 이끌어야 한다.

[내 편으로 만들기 3단계 : 망설이는 반응에 대처하기]

- 기다리기

: 모든 사람은 새로운 정보를 접했을 때 그 정보가 정말로 맞는지, 자신에게 해를 끼치지는 않는지, 이익을 주는 것인지 탐색하고 알아볼 시간이 필요하다. 그러한 당연한 심정을 이해하고, 상대방이 충분히 정보를 습득할 수 있도록 배려해야 한다.

- 시각적 자료 제공하기

: 가장 확실한 자료는 시각적 정보다. 말로 설명하는 것보다는 한 번 보는 게 확실하고, 글보다는 선명한 사진과 그림으로 된 카탈로그를 보는 것이 낫다. 그래픽이 정교한 그림, 다채로운 그래프, 정확한 통계 수치, 해상도가 높은 컬러 사진, 세련된 디자인의 팜플릿 등이 매우 효과적일 수 있다.

- 흥미 유발과 욕망 자극하기

사업을 결정하려면 그 대상에 우선 흥미가 생겨야 하고, 그것을 소유하고 싶거나 해보고 싶다는 욕망이 자극되어야 한다. 이때 실질적인 증거를 제공받을수록 이런 욕망은 커지고 망설임은 줄어 결정을 내릴 수 있게 된다.

- 집단심리 활용하기

인간은 사회적 동물이라 다른 사람들의 행동이나 결정에 크게 영향을 받는다. 특히 마케팅과 광고 분야에서는 대중의 입소문이나 상품 체험 후기가 구매력과 결정력에 큰 역할을 담당한다. 따라서 상대방이 망설이는 반응을 보인다면, 다른 사람들이 어떤 선택을 했고 그로 인해 요즘 어떤 트렌드가 형성되어 있는지 정보를 제공하면 결정을 돕는 데 매우 효과적이다.

- 상상력 유발하기

'이 제품을 사용하고 난 후의 내 모습', '이 사업을 알게 된 후의 내 모습', '연봉 1억 원의 수입을 올리고 난 후의 내 모습' ... 이처럼 자신의 생활과 인생에 도래할 새로운 변화와 이익을 '상상' 하고 이미지화하게 하자. 이는 상대의 이해를 도울 뿐만 아니라 망설이는 시간을 줄여준다. 이때 상대방이 가장 원하는 것이 뭔지를 정확히 파악하고 있어야 하며, 구체적으로 어떤 변화가 있을 수 있는지를 충분히 설명해주고, 다양한 예상 질문들에 대답할 수 있어야 한다.

이거 알아요!

다양한 만남 지속하기

미팅 자리는 긍정적인 마음을 북돋아주는 최고의 장소이다. 이런 장소에서는 수많은 성공 사례들을 듣게 된다. 말을 잘 못하는 사람, 나이 많은 사람, 순진하기만 한 사람, 배움이 짧은 사람, 시간이 너무 바빴던 사람 등 도저히 이 일을 해낼 것 같지 않은 사람들도 성공하는 걸 보면서 '나도 할 수 있다' 는 확신을 갖게 된다.

문은 두드리는 자에게만 열린다

네트워크 사업, 지금 시작해도 늦지 않다

나폴레온 힐은 '인생의 어느 시점에 이르면 미루는 습관을 극복해야 한다.' 라고 말했다. 그의 말처럼 삶에서 한 번쯤은 큰 기회를 놓치지 않기 위해, 그리고 결정적인 변화를 만들기 위해 미루지 말고 결단해야 할 때가 있다.

네트워크 비즈니스를 하게 될 예비사업자와 지금 이 순간도 열정적으로 활동하고 있는 사업자에게 항상 드리고 싶은 조언은 '그 무엇도 늦지 않았다' 는 것이다. 이는 상투적인 격언이 아니라 네트워크 마케팅이기에 부합하는 이야기이다.

앞으로 네트워크 마케팅은 지금까지보다 훨씬 더 우리 사회의 필수적인 직업군으로 큰 역할을 하게 될 것이다. 시스템과 체계가 탄탄해져 안정화를 이룰 것이며 관련 회사가 많아지고 당연히 사업자의 숫자도 지금보다 훨씬 더 많아질 것이다.

네트워크 사업의 가장 커다란 장점이자 매력은 '성공의 목표' 만이 아니라 '성공의 과정'을 중시한다는 점이다. 최종 성과와 매출이라는 결과만이 중시되고 쓸모없어지면 버려지는 여타 분야와 달리, 네트워크 사업은 각자의 숨겨진 재능과 그 사람만이 가진 유일무이한 개성을 최대한 이끌어내고 발휘할 수 있는 생활속의 비즈니스이다.

차근차근 배우고 실천하면 당신도 반드시 성공한다

네트워크 마케팅은 하나씩 이뤄가는 과정, 배워가는 과정, 꿈꾸는 과정 자체에서 보람과 가치를 두는 일이다.

자본금이 들지 않아 시작하는 부담이 적고 도산하지 않을뿐더러, 열정과 노력에 따라 성과가 나온다. 학력이나 경력보다는 사업을 시작한 후부터의 배움의 과정이 더 중요하다.

사람에 따라 단기간에 성장하기도 하고 때로는 신규 사업자가 기존 사업자를 앞서기도 한다. 그래서 누구도 네트워크 사업을 시작하기에 '늦지 않았다'라고 말할 수 있는 것이다.

경력이 많을수록, 학력이 높을수록 유리한 여느 직업군과 달리 네트워크 마케팅은 모든 사업자가 같은 출발선상에서 시작한다. 사업자에게 요구되는 태도와 자질은 열정, 낙천성, 긍정성, 끈기, 성실함이다.

일단 사업자의 길에 들어서면 사업 초반에 필요한 각종 정보와 지식이 제공되며, 다른 사업자들과의 만남과 교류를 통해 성공의 방식과 메시지를 하나씩 배워나갈 수 있다. 이러한 방식들을 하나씩 차근차근 배워나가다 보면 어느 새 자신이 꿈꿨던 미래의 비전이 조금씩 현실화되고 있음을 발견하고 놀라움과 보람을 느끼게 된다.

생각해보자. 배움의 순수한 기쁨을 맛본 것은 언제였는가? 도전할 용기를 내고 밝은 앞날에 대해 꿈꾸며 살고 있었는가? 만약 이러한 질문들에 대해 가슴 벅찬 그리움과 두근거림을 느낀다면 이제는 배움을 다시 시작할 때일지도 모른다.

누구나 원하는 것을 얻을 수 있고, 꿈꾸던 것을 성취할 수 있다. 단, 변화를 받아들이고, 배움을 실천하고, 성공의 문을 두드릴 용기를 내는 것이 조건이다. 새로운 세상에 나아가 첫 걸음을 떼는 기분으로 차근차근 배워가며 성장하면 되는 것이다. 그것이 네트워크 마케팅의 본질이다.

성공한 사람들만 아는 성공공식, 먼저 무조건 따라해야 한다

누구에게나 새로 시작한다는 것은 쉽지 않은 일이다. 하지만 네트워크 마케팅은 성공한 사람들의 '성공공식'을 통해 얼마든지 노하우를 배워 실행하면 많은 실수와 시행착오를 줄일 수 있다. 사업자들끼리의 탄탄한 유대관계와 상호 조력자적 마인드를 통해 서로를 격려해주는 시스템을 갖고 있다는 것이 네트워크 마케팅의 독특한 특징이기 때문이다.

네트워크 마케팅은 내가 이기기 위해 남을 밟거나 경쟁에서 이기기 위해 혼자 앞서가야 하는 비즈니스가 아니다. 성장하기까지 수많은 조력과 조언을 받을 수 있다. 또한 서로 협력하고 동반 성장함으로써 사업자들이 다 함께 성과를 올릴 수 있게 된다.

따라서 네트워크 사업자로서 성공하고 싶다면 성공의 공식을 따라하고 성공자들의 자세와 태도를 배우면 된다. 네트워크 마케팅에서 성공자의 위치에 올라선 사람들은 특출한 능력을 타고났거나 관련 경력이 많거나 고학력자가 아니라, 자신이 갖고 있는 조건과 상관없이 기존의 성공공식을 충실히 익히고 따라한 사람이 많다. 그래서 몹시 평범하게 살던, 혹은 남보다 부족함이 많던 사람들조차도 성공자가 된 경우가 무수히 많다.

실제로 성공한 사업자들일수록 '공식을 따라해라', '시스템을 배워라' 라고 강조한다. 사업의 시스템은 곧 교과서이자 교본이나 다름없으며, 수많은 성공자들이 검증한 증거이다. 노하우를 터득하기 위해 실패의 시간을 많이 보내야 하는 여타 사업들과의 결정적인 차이점이기도 하다.

네트워크 마케팅은 초보자도 당황하지 않고 사업을 진행시킬 수 있는 방향성을 분명히 가르쳐준다. 다양한 교육자료, 강연, 관련 서적, 성공자들의 생생한 경험담들이 그 길을 보여준다. 지금도 사업자들은 자신의 눈앞에 선명히 제시된 성공공식들을 따라하고 배우며 꿈을 일궈나가고 있다.

성공의 99%는 시스템에서 결정된다

'시스템을 따라했더니 지금의 위치에 서게 되었다.'

'나의 생각보다는 시스템을 토대로 했을 때 훨씬 수월하게 사업을 할 수 있었다.'

'시스템을 잘만 활용한다면 내가 가진 배경이나 조건의 한계는 무의미했다.'

네트워크 마케팅의 성공자들이 하나 같이 입을 모아 하는 이야기들이다. 성공하는 데 걸리는 시간에 있어서나 사업의 규모에 있어서나, 시스템을 어떻게 이용하는가에 따라 속도와 크기가 달라진다.

마케팅 분야에 경력이 많거나 영업 분야의 경험이 많은 사람이라 할지라도 시스템을 활용하지 않고 자기 방식대로만 했을 때는 성공하기가 어렵거나 시간이 많이 걸린다.

반면 이 분야에 경험이 전혀 없는데도 시스템을 최대한 활용한 사람들 중에 억대 연봉자의 대열에 오른 사례가 많다.

네트워크 마케팅 시스템은 수많은 성공자들의 성공의 경험을 토대로 만들어진 검증된 방식이며, 따라서 기존의 다른 마케팅 이론과도 차이가 있다. 그래서 누구나 그 시스템을 따라하기만 하면 가장 효율적인 방법으로 성공에 이를 수 있는 길이 보장되어 있다고 할 수 있다.

그래서 '복제' 라는 단어를 쓴다. 시스템을 복제하기만 하면 누구나 성공할 수 있다고 하는 것이 바로 네트워크 마케팅을 정의하는 가장 대표적인 표현이다.

네트워크 마케팅은 광고나 중간 유통과정 없이 제품을 소비한 실제 소비자들의 네트워크에 의해 새로운 소비자 및 사업자를 확장시키는 방식이다. 소비자가 동시에 사업자가 됨으로써 제품의 소비가 확장되는 연쇄적인 구조로 이뤄진다. 이러한 특수성 때문에 네트워크 비즈니스는 연쇄적으로 시스템을 배우고 노하우를 익히고 실천하는 과정을 되풀이하는 가운데 안정적으로 사업을 할 수 있게 된다.

이는 마치 수학이나 과학의 정해진 공식을 익혀두기만 하면 어떠한 숫자를 대입해도 옳은 답이 나오는 것과 같은 이치이다. 공식을 알기 전까지는 도저히 풀 수 없던 문제가, 일단 공식을 익히고 그대로 대입하고 나면 간단히 풀리는 것이나 마찬가지이다.

체계적인 시스템을 갖춘 회사를 선택하여 성공자들의 시스템을 100% 활용한다면 누구나 성공자의 반열에 오르게 된다.

정상에서 만납시다

100세 시대, 청년 3포 시대(연애, 결혼 그리고 아이 포기), 40대 조기 황태(황당한 퇴직)시대에 청년부터 노인까지 전 계층의 삶이 더 이상 안정적인 사회적 기반을 기대할 수 없게 된 이 불안정한 시대에, 행복한 인생, 안정적인 노후를 마련하기 위해 할 수 있는 일은 무엇일까? 때로는 가족과의 여가와 여유를 즐기며 삶의 기쁨을 맛보고, 내가 가진 열정과 숨어 있는 재능을 마음껏 발휘하며 배움의 기쁨과 발전 과정상의 보람을 느끼며 할 수 있는 일은 무엇이 있을까?

네트워크 마케팅은 인간이라면 누구나 소망할 진정한 성공의 의미에 대해 질문을 던지는 사업이다. 짧지 않은 역사와 시행착오의 세월을 거쳐 이제는 21세기라는 시대에 본격적으로 성장하고 더욱 확장하게 될 미래형 비즈니스이다. 기존의 성공자들의 노하우와 시스템을 그대로 복제해 원하는 만큼 내 것으로 만들 수 있으며, 개인의 노력이 모두의 성공으로 무한 확대되는 사업이다.

노력을 배신하지 않는 비즈니스라는 점에서 네트워크 마케팅은 어쩌면 가장 정직하고 투명한 사업이다. 도전하는 사람, 노력하는 사람, 믿는 사람, 포기하지 않는 사람이라면 누구나 자신의 꿈을 이룰 수 있게 해주는 사업이라고 할 수 있다. 성공에 다가가는 속도도 빠르거니와, 다른 분야였다면 상상도 하지 못했을 고액 연봉자의 삶을 가능케 해준다.

무엇보다 중요한 것은 사람과의 만남과 교류 속에서 진정한 가치를 찾게 해주고, 사업자 한 사람 한 사람의 꿈을 소중히 여겨주며 이루게 해주는 사업이라는 점이다.

더 많은 '내 사람' 과 함께 웃을 수 있는 일, 다른 이에게 상처를 주거나 상처를 받는 것이 아니라 나의 성공이 곧 모두의 성공임을 일깨워주는 일. 네트워크 비즈니스의 길에 들어선 당신은 언젠가 반드시 가장 높고 빛나는 정상에서 다시 만나게 될 것이다.

네트워크마케팅 시스템을 알면 성공한다
석세스기획연구회 지음
234쪽 | 10,000원

4,300원의 자신감
네트워크마케터 이혜숙이 그린
꿈의 지도
이혜숙 지음 | 250쪽 | 13,000원

나우 유턴
내 뜻대로 안 되는 세상에 생존할
수 있는 마지막 기회
최병진 지음 | 143쪽 | 7,000원

그게 가능해?
매달 2천만 원 버는
네트워크 비즈니스의 비밀
서진숙 지음 | 150쪽 | 7,000원

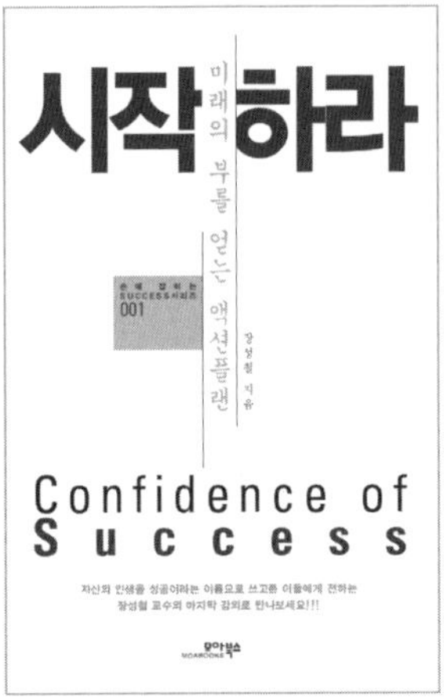

시작하라
미래의 부를 얻는 액션플랜
장성철 지음 | 120쪽 | 6,000원

네트워크 비즈니스가 당신에게 알려주지 않는 42가지 비밀
허성민 지음 | 132쪽 | 6,000원
246쪽 | 13,000원

액션플랜
고객을 내 편으로 만드는
이내화 지음 | 208쪽 | 9,000원

나인 레버
하는 일마다 잘 되는 사람의
이유를 아는가?
조영근 지음 | 248쪽 | 12,000원

네트워크 비즈니스 어떻게 하면 잘할 수 있을까

초판 1쇄 인쇄 2016년 08월 12일
4쇄 발행 2017년 05월 20일
개정 5쇄 발행 2018년 01월 30일
개정 6쇄 발행 2019년 03월 29일
개정 7쇄 발행 2021년 06월 30일

지은이 강형철
발행인 이용길
발행처 MOABOOKS 모아북스

관리 양성인
디자인 이룸

출판등록번호 제 10-1857호
등록일자 1999. 11. 15
등록된 곳 경기도 고양시 일산동구 호수로(백석동) 358-25 동문타워 2차 519호
대표 전화 0505-627-9784
팩스 031-902-5236
홈페이지 www.moabooks.com
이메일 moabooks@hanmail.net
ISBN 979-11-5849-060-7 03320